민주주의

EBS 다큐프라임

DEMOCRACY

민주주의

EBS 다큐프라임 〈민주주의〉 제작팀 · 유규오 지음

후마니타스

3 민주주의가 우선한다

4 기업과 민주주의

〈다큐프라임-민주주의〉는 2014년 기획안 공모에 당선되면서 시작되었습니다. 물론 '민주주의'를 다큐프라임에서 다뤄 보면 좋겠다고 생각한 것은 훨씬 전이었습니다. 우연히 E. E. 샤츠슈나이더E. E. Schattschneider의 책『절반의 인민주권』을 읽고 민주주의라는 주제에 관심을 갖게 되었습니다. 1960년에 출간된 고전이지만 대의 민주주의의 작동 원리를 '갈등'이라는 키워드로 명료하게 설명하는 이 책의 마력에서부터 〈다큐프라임-민주주의〉가 시작되었습니다.

이 프로그램을 기획하면서 제일 처음 찾은 것은 민주주의에 대한 개론서였습니다. 그런데 놀랍게도 현대사회의 보편적인 언어이며 가장 핵심적인 원리인 '민주주의'를 개괄적으로 설명하는 교과서가 없었습니다. 민주주의를 정리하는 일이 그만큼 어려운 것일까? 참으로 난감했습니다. 그중에서도 가장 어려웠던 것은 민주주의를 어떻게 정의하느냐 하는 문제였습니다. 그래서 주변 사람들에게 물어 봤습니다. 대부분은 '다수결'이나 '선거'라고 답변했습니다. 하지만 그것만으로는 민주주의가 충분히 설명되지 않는다고 생각했습니다.

주주총회도 다수결로 의결하는데 그렇다고 주주총회를 민주주의로 정의할 수 있을까 의문이 들었고, 선거가 형식적으로 진행되는 권위주의 국가도 얼마든지 있으므로 뭔가 명쾌하지 않았기 때문입니다.

그래서 에이브러햄 링컨Abraham Lincoln 대통령이 1863년 게티즈버그에서 했던 연설의 한 문장, "government of the people, by the people, for the people"이라는, 민주주의의 가장 유명한 정의를 화두 삼아 고민했습니다. 먼저 고민한 것은 민주주의의 주체인 'people'을 어떻게 번역할 것인가였습니다. 국민, 인민, 민중, 시민 중 선택해야 했고, 결국 '시민'으로 번역하기로 했습니다. 시민은 근대 자본주의사회의 특성을 반영하고 집단성과 개별성을 모두 포괄하는 용어이며, 국가 이외의 다양한 단위에도 적용 가능하기 때문입니다.

또 다른 고민은 'of the people, by the people, for the people' 가운데 무엇이 민주주의의 핵심이냐 하는 것이었습니다. 모두 중요하겠지만 프로그램과 책은 'by the people'에 초점을 맞추기로 하고 '민주주의는 시민에 의한 지배·통제'라는 정의를 일관되게 적용했습니다.

우리는 민주주의를 폄하하는 말들을 많이 듣습니다. 대표적으로 이런 것들입니다. "민주주의는 시끄럽기만 하고 비효율적이야! 지도자들이 정치 잘해서 시민들을 따뜻하고 배부르게 해주면 그만 아니야!" 이런 비난에 숨겨진 논리가 바로 'by the people'이 도외시된 'for the people', 즉 시민을 위한다는 것입니다. 플라톤의 철인정치에서 잘 나타나는 '엘리트주의' 또한 시민을 위한다는 명분을 갖고 있습니다. 이것을 민주주의의 대가인 로버트 달Robert Dahl은 '수호자주의'라고 명명하며 민주주의에 대한 가장 위협적인 이데올로기라고 비판했습니다. 이 프로그램에서 비판적으로 보고자 했던 논리도 바로 이것이었습니다. 민주주의는 시끄럽기만 하고 비효율적이라는 논리, 우리 사고 깊숙이 박혀 있는 고정관념을 깨고 싶었습니다. 민주주의는 정치적으로도 경제적으로도 유의미하다는 점을 보여 주고 싶었습니다.

그래서 민주주의를 하면 무엇이 좋은지, 어떤 효능감이 있는지 연구 자료를 조사해 봤습니다. 첫째, 민주주의가 경제성장에 긍정적인 효과를 준다는 것입니다. 90개국의 민주주의 수준과 일인당 GDP 성장률 간의 부분 상관관계를 분석한 대니 로드릭Dani Rodrik의 연구(『더 나은 세계화를 말하다』, 2011)에 따르면, 민주주의는 좀 더 예측 가능한 장기적 경제성장과 좀 더 높은 수준의 단기적 안정을 가져오며, 부정적인 외부 충격을 좀 더 잘 견뎌 낼 수 있게 하고 좀 더 나은 분배 결과를 가져온다는 것입니다.

둘째, 바로 노벨경제학상을 수상한 아마르티아 센Armartya Sen의 '기근과 민주주의' 연구입니다. "민주주의 국가에서는 기근이 발생하지 않는다."라는 명제. 즉, 민주주의 국가에서는 기근의 정치적 책임을 정치 지도자들에게 물을 수 있기 때문에 위정자들이 기근을 막고자 노력할 수밖에 없으며, 따라서 기근이 발생하지 않는다는 것입니다. 단순명쾌한 논리이면서도, '시민에 의한 통제'가 왜 중요한지 참으로 쉽게 설명하는 명제였습니다. 또한 이 명제는 '시민들이 주기적인 선거를 통해 정당정부를 해고할 수 있는 체제'라는 민주주의에 대한 또 다른 정의와도 일맥상통했습니다.

1997년, 아마르티아 센은 일본의 한 신문사로부터 "20세기에 일어난 가장 중요한 사건이 무엇인가"라는 질문을 받고 "민주주의의 대두"라고 대답했습니다. 민주주의는 20세기 중반 이후에야 보편적인 의미를 획득할 수 있었습니다. 민주주의 사상은 그때가 되어서야 유럽, 미국, 아시아 또는 아프리카에서 국가의 '정상적인' 통치 형태로 확립된 것입니다. 물론 그 과정은 어디에서나 지난했습니다.

이 프로그램을 준비하면서 읽은 책 가운데 존 던John Dunn 교수가 쓴 『민주주의의 수수께끼』라는 책이 있습니다. 그 책 서문에는 저자가 김대중 전 대통령에게 감사를 표하는 문장이 있습니다. 저는 그 대목을 읽으며 묘한 전율을 느꼈습니다. 서구의 대표적인 민주주의 철학자와 아시아의 대한민국에서 민주주의를 위해 평생을 헌신한 정치인이 민주주의 사상을 놓고 교류했다는 사실 자체가 감동으로 다가왔습니다. 그 시대 지식인들은 지역과 상관없이 같은 고민을 하며 살았다는 사실이 새삼스럽게 느껴졌습니다.

우리는 민주주의를 무시하고 폄하하는 발언들을 쉽게 접합니다. 정치적 결과가 자신의 생각과 조금만 어긋나도 민주주의는 오류투성이라고 비판합니다. 대의 민주주의는 나쁜 제도라는 비판부터 시민들이 무지하다는 비난까지 다양한 형태로 나타납니다. 물론 민주주의가 제대로 작동되지 않기를 바라는 사람들도 있습니다. 어떤 사람들은 민주주의를 축소하고 제어해야 한다고 주장하기도 합니다. 그들은 〈다큐프라임-민주주의〉를 비판하며 왜 민주주의의 폐해를 다루지 않았느냐고 비판합니다. 그런 사람들에게 민주주의는 그저 나쁜 제도일 뿐입니다. 하지만 우리가 쉽게 받아들이는 자유의 공기는 결국 민주주의를 위한 지난한 투쟁의 산물이라는 사실을 잊어서는 안 됩니다.

민주주의의 역사는 개인의 자유와 기본권을 쟁취하는 역사였습니다. 그것이 민주주의의 토대이기 때문입니다. 또한 민주주의를 지탱하기 위해서는 이견들 간의 대화, 즉 토론이 중요합니다. 민주주의는 스스로 옳다고 확신하지 못하는 사람들을 위한 정치체제이기 때문입니다. 이 프로그램에서 이런 부분들을 다루지 못한 것은 못내 아쉽습니다.

인류는 불평등이라는 몸살을 앓고 있습니다. 대한민국도 예외는 아닙니다. 민주주의는 불평등을 막을 수 있는 유일한 희망입니다. 20세기 중반, 민주주의가 보편적 언어가 되면서 인류역사에서 처음으로 경제적 평등과 고도성장이 함께 일어났습니다. 민주주의로 불평등의 몸살을 치료해야 한다는 것이 〈다큐프라임-민주주의〉의 주제 의식입니다.

이 프로그램의 주제 의식을 형성하는 데 결정적인 역할을 해준 민주주의 고전의 저자들과, 바쁜 일정에도 기꺼이 인터뷰에 응해 준 석학들에게 깊이 감사드립니다. 우리가 만난 석학들은 누구보다 민주주의를 열렬히 옹호하며 민주주의의 미래가 밝을 것이라고 믿고 있었습니다. 그들의 믿음대로 21세기에도 민주주의가 우리의 삶 속에서 중요한 역할을 하기를, 제작진 또한 간절히 바랍니다.

2016년 12월
〈다큐프라임-민주주의〉 제작진을 대표해
유규오

시민의 권력의지, 민주주의

1

아일랜드 감자의 비극

거친 자연 환경 만큼이나 굴곡진 역사를 간직한 작은 섬나라, 아일랜드. 이 나라의 서쪽 해안에 자리 잡고 있는 아킬Archill 섬에는 독특한 이름을 가진 마을 하나가 있습니다. 일명, '황폐한 마을'The Deserted Village. 이 이름이 말해 주듯이, 마을에 남아 있는 것은 무너진 돌담들, 그리고 여름이면 소나 양을 먹이러 오는 외지인들이 전부입니다.

거친 산비탈에서 소와 양들을 기르며, 집 앞 조그만 땅뙈기에 감자를 기르며 살아가던 사람들로 북적이던 이곳. 하지만 1845년, 아메리카 대륙에서 건너온 재앙의 씨앗 하나가 이곳을 하루아침에 유령의 마을로 만들고 말았습니다.

바로 감자 마름병이었습니다. 멀쩡한 감자를 검게 썩어 들어가게 만드는 무서운 전염병. 이 병에 걸린 감자를 먹으면, 복통과 설사에 시달리고 심하면 목숨을 잃게 됩니다. 감자 마름병은 아일랜드 전역으로 빠르게 퍼져 나갔고, 무성했던 감자밭은 하루아침에 검게 변했습니다.

그 결과, 아일랜드의 감자 생산량은 급격히 감소했습니다. 곡식이 사라진 자리에는 사람들의 굶주림과 절망만이 남았습니다. 1845년부터 1852년까지 8년 동안 계속된 이 대기근 동안 무려 125만 명의 아일랜드 시민들이 굶주림과 전염병으로 죽어 갔습니다.

▷ 기근(Famine) | 1997년 로완 길레스피(Rowan Gillespie) 작. 기아 이민선이 더블린에서 최초로 출항했던 리피 강 부둣가에 세워진 청동 조각상 가운데 일부.

그런데 이상한 점이 있었습니다. 감자 마름병은 당시 전 유럽을 휩쓸었지만 다른 어떤 곳에서도 아일랜드에서와 같은 대기근은 발생하지 않았습니다. 왜 그랬을까요? 당시 아일랜드를 통치하고 있던 영국의 재무장관, 찰스 트리벨리언Charles Trevelyan은 그 이유를 이렇게 설명했습니다.

"서아일랜드 여성 농민들은 감자 삶는 것 말고는 할 줄 아는 요리가 거의 없다."

감자밖에 먹을 줄 모르는 아일랜드 사람들의 식습관. 이것이 유독 아일랜드에서만 대기근이 일어난 원인이라고 비난한 겁니다. 하지만 이 거대한 비극이 정말 아일랜드 사람들의 식습관 탓이었을까요? 아일랜드의 민족주의자 존 미첼John Mitchel은 이렇게 말합니다.

"감자를 망친 건 물론 신이었다. 하지만 그것을 대기근으로 바꾼 것은 영국인들이다."

죽음의 땅으로 변해 버린 아일랜드. 사람들은 살길을 찾아 외국으로 떠나기 시작했습니다. 대기근 동안 아일랜드를 떠난 사람들의 숫자는 1백 만여 명. 그러나 항해 도중 각종 질병이 빠르게 퍼졌고, 배를 탄 사람들 가운데 5분의 1이 넘는 20만여 명이 배 안에서 굶주림과 병으로 사망했습니다. 그래서 이 배를 '관을 실은 배' 즉 '관선'棺船, Coffin Ships이라고 불렀습니다. 그런데 아일랜드를 떠나는 배 안에

기근으로 25만 명이 굶어 죽었던 1847년 한 해에만
4천 척의 배가 식량을 운반해 갔습니다.

1851년, 대기근을 피해 리버풀행 증기선 님로드(Nimrod)와 애슬론(Athlone)에 오르고 있는
아일랜드 이민자들. *The Illustrated London News*(1851/05/10).

는 굶주림을 피해 고향을 등지는 이민자들만 타고 있었던 것이 아닙니다. 배 안에는 밀·귀리·소·돼지·버터 등이 가득 실려 있었습니다. 25만 명이 굶어 죽고 있던 1847년 한 해에만 4천 척의 배가 외국으로 식량을 운반해 갔습니다. 이 식량이 향한 곳은 영국. 시장 논리에 따라, 더 비싼 값을 받을 수 있는 곳으로 식량을 가져갔던 것입니다.

이런 상황을 바꾸기 위해서는 정부의 역할이 무엇보다 중요했습니다. 가난한 시민들이 식량을 구매할 수 있도록 필요한 조치를 취했어야 했던 겁니다. 하지만 영국 정부는 식민지의 비극에 관심을 기울이지 않았습니다. 아일랜드 사람들의 굶주림을 외면했고, 기아를 막기 위한 정책을 적극적으로 내놓으려 하지 않았습니다. 당시 아일랜드 땅의 대부분은 영국 본토에 살던 지주들의 소유였습니다. 그들은 자신들의 땅에서 수확한 곡물과 값비싼 가축을 모두 영국으로 보냈습니다.

아일랜드 농민에게는 자신들이 재배한 작물을 나눠 가질 권리가 없었습니다. 그들에게 허락된 것은 작은 텃밭, 그리고 거기서 나온 감자뿐이었습니다. 불과 8년 동안, 전체 인구의 8분의 1이 굶주림으로 죽어 간 아일랜드 대기근. 이 비극의 근본 원인은 감자 마름병이 아니었습니다. 식량을 나눌 권한을 누가 가지고 있는가. 즉, 자원 배분의 문제였으며, 정치권력의 문제였습니다.

아일랜드 시민들은 자신들이 재배한 작물을 배분할 권한을 갖고 있지 못했습니다. 아일랜드 시민들은 자원 배분에 대한 결정권이 없었습니다. 그것이 아일랜드 기근의 근본 원인이었습니다.

여러분은 정치가 무엇이라고 생각하십니까? 정치학에서 널리 받아들여지는 한 설명에 따르면, "정치란 사회적 가치, 즉 희소한 자원의 권위적 배분"[1]입니다. 이 말은 정치권력을 누가 갖고 있으며 어떻게 행사하는지에 따라 자원 배분도 달라진다는 얘기입니다.

아일랜드 기근은 시민들이 자원 배분의 결정권을 갖지 못할 때 얼마나 참혹한 일이 발생하는지를 분명하게 보여 주었습니다. 시민들은 자원 배분의 결정권을 가지려고 노력해 왔습니다. 이것은 인류의 오래된 이상이었습니다. 시민들 스스로가 자원 배분에 대한 통제력을 갖겠다는 이상, 그것이 바로 민주주의입니다.

오래된 이상,
아테네 민주주의

민주주의의 고향, 그리스 아테네. 지금부터 대략 2천5백여 년 전 고대 아테네에서는 **솔론**Solon**의 입법과 클레이스테네스**Cleisthenes**의 개혁**을 통해 장차 '민주주의'democracy 라고 불리게 될 제도의 틀이 하나씩 형성되고 있었습니다. 하지만 이 시기 아테네에서 가난한 시민들의 참여는 아직 활발하게 이루어지지 못하고 있었습니다. 그때 아주 우연한 계기로 민주주의는 비약적인 발전을 하게 됩니다.

아테네 남동부 라우레이온Laureion. 기원전 483년에 이곳에서 대규모 은광이 발견되었습니다. 아테네에서 광산은 도시국가의 재산이었고 광산에서 얻은 수익은 우선적으로 아테네의 재정으로 사용되었습니다. 그렇지만 새롭게 발견된 은광의 수익은 재정을 충원하고도 남을 만큼 엄청나게 많았습니다. 아테네 시민들은 이 은광의 수익을 어떻게 사용할지를 놓고 격렬한 토론에 들어갔습니다. 기존의 관례대로 수익을 시민들에게 골고루 분배하자고 제안하는 측과, 그 수익으로 함선을 건조하자고 주장하는 테미스토클레스Themistocles 측이 팽팽히 맞섰습니다.

당시 아테네는 페르시아와 대치 중이었습니다. 페르시아의 공격을 막기 위해서는 대규모 함선이 필요하다는 것이 테미스토클레스의 생각이었습니다. 하지만 아테네인들은 마라톤 전투에서 승리한 뒤, 페르시아와의 전쟁이 이미 끝났다고 생각하고 있었습니다. 이에 테미스토클레스는 오랜 앙숙으로 당시 분쟁의 와중에 있던 인근 해

아테네의 정치적 혼란과 솔론의 등장

"[당시] 모든 평민들은 부자들에게 빚을 지고 있었다. 평민들은 부자들의 땅을 경작하고 소출의 6분의 1을 바치거나(그래서 그들은 헥테모리오이 또는 '날품팔이들'이라고 불렸다), 제 몸을 담보로 돈을 빌려 채권자의 처분에 자신을 맡겨 더러는 고향에서 노예가 되고 더러는 외국에 노예로 팔려 갔다. 또 많은 사람들이 채권자의 등쌀에 어쩔 수 없이 제 자식을 팔거나(그것을 막을 법이 없었다), 외국으로 도주했다. …… 그들은 그[솔론]에게 앞으로 나서서 불화를 종식시켜 달라고 간청했다 …… 부자들은 그가 부자이기 때문에, 가난한 자들은 그가 정직하기 때문에 [그를] 기꺼이 받아들였다. ……

그가 첫 번째로 취한 조치는, 남아 있는 모든 부채를 탕감해 주고 앞으로는 채권자가 채무자의 인신을 담보로 돈을 빌려주는 것을 법으로 금한 것이다. …… 솔론은 모든 관직을 종전대로 부유층에게 맡겨 두되, 대중에게도 지금까지는 참여할 수 없던 정부의 다른 기구에 참여할 기회를 주기 위해 아테네 시민의 재산 자격을 다시 평가하게 했다. 말린 것과 말리지 않은 것을 합쳐 1년에 5백 메딤노스의 수입이 있는 자들을 첫 번째 계층으로 삼고, '펜타코시오메딤노이'pentakosiomedimnoi라고 불렀다. 두 번째 계층은 말 한 필을 먹일 수 있고 1년에 3백 메딤노스의 수입이 있는 자들로 구성되었는데, '힙파다 텔룬테스'Hippada Telountes[흔히, 힙페이스hippeis]라고 불렀다. 세 번째 계층에 속한 자들은 '제우기타이'Zeugitai라고 불렸는데, 이들의 1년 수입은 말린 것과 말리지 않은 것을 합쳐 2백 메딤노스였다. 나머지는 모두 '테테스'thétes라고 불렀는데, 이들은 관직에 취임하는 것은 허용되지 않았으나 민회에 참석하고 배심원으로 활동함으로써 정치에 참여했다. 처음에는 배심원으로 활동한다는 것이 대수롭지 않은 듯 보였으나 나중에는 대단히 중요한 의미를 갖게 되었다. 대부분의 분쟁이 배심원 손으로 넘어갔기 때문이다."[2]

클레이스테네스의 개혁

클레이스테네스는 기존 혈연 중심의 4개 부족 체제를, 데모스를 기초 행정단위로 하는 10개 부족 체제로 개편하고, 각각의 부족이 도시 주변, 해안, 내륙 등 아테네 전역에 골고루 뒤섞여 분포하도록 만들었다. 나아가, 각 데모스에 사는 사람들을 서로 평등한 참정권을 가진 동료로 만들었으며(참정권 확대), 이를 위해 아버지의 이름을 대는 사람이 그런 것을 대지 못하는 새로운 동료들(새롭게 참정권을 획득한 평민)과 차이가 나지 않도록 하고자, 공적으로 자신이 속한 데모스의 이름을 사용하도록 했다.[3] ……

"[당대 아테네의 정치적 혼란을 극복하기 위해 솔론, 클레이스테네스 등에 의해 채택된 개혁은] 그 방책이 계속 작동하는 과정에서 데모크라티아라는 자신의 이름을 얻게 되었는데, 이는 데모스의 혹은 데모스에 의한 지배, 좀 더 문자적인 의미로는 데모스의 손에 힘이나 권력이 있음을 뜻한다. 그것은 또한 그런 지배를 표현하기 위한 제도적 형태를 발전시켰고, 자신의 정체성과 특징에 대한 감각을 꾸준히 심화했다."[4]

양 도시 아이기나Aigina를 거론하며, 이 분쟁에서 승리하려면 대규모 함선이 필요하다고 시민들을 설득했고, 아테네 시민들은 그의 주장에 힘을 실어 주게 되었습니다. 결국 은광에서 나온 수익으로 아테네는 2백여 척의 배를 갖출 수 있었습니다.

그로부터 2년 후, 페르시아 대군이 아테네를 침략해 옵니다. 아테네 해군은 기발하고 대담한 전술로 맞섰습니다. 그들은 아테네 도시를 버리고 가까운 살라미스Salamis 섬으로 숨어들었습니다. 그리고 페르시아 수군을 살라미스 해협으로 유인해 격파했습니다. 은광의 수익으로 만든 선박은 승리의 원동력이 되었습니다.

살라미스 해전은 아테네 민주주의가 발전하는 데 결정적인 역할을 했습니다. 아테네 시민들은 민주주의가 발전할수록 도시를 더 잘 방

살라미스 해전 | 빌헬름 폰 카울바하(Wilhelm von Kaulbach), 1868년 작.

어할 수 있다는 사실을 깨달았습니다. 민주주의가 발전할수록 더 많은 아테네 시민들이 전쟁에서 자신과 자신의 도시를 위해 더욱 열심히 싸웠습니다. 자신들이 아테네의 주인이라고 생각했기 때문입니다.

아테네에서 전쟁에 참여하는 것은 시민의 의무였습니다. 하지만 그들은 스스로 비용을 부담해 전쟁 장비를 구입했습니다. 그래서 제1계급인 지주 계층과 제2계급인 기사 계층은 비싼 말을 구입해야 하는 기병으로, 농민과 자영업자들인 제3계급은 갑옷이 필요한 무장 보병으로, 제4계급인 가난한 일용 노동 계층은 해군 함선에서 노를 젓는 병사로 참가했습니다.

그런데 바다와 인접한 아테네의 특성상, 그리고 대대적으로 함선을 건조하면서, 해군이 군사력에서 점점 더 중요한 역할을 맡게 되었습니다. 이에 따라 해군 함선에서 노 젓는 일을 담당했던 하층 노동 계층, 일명 테테스의 역할도 그 만큼 중요해졌습니다. 페르시아 전쟁에서 승리한 후 **델로스 동맹***의 국방비로 테테스에게 해군 복무에 따른 급료를 지불하게 되면서, 정치에 참여하고자 하는 이들의

* 델로스 동맹

페르시아 전쟁 후인 기원전 478~477년 아테네의 아리스테이데스가 제창해, 아테네를 중심으로 150여 개 그리스 도시국가들이 결성한 해군 동맹. 이오니아의 섬들, 소아시아 연안의 그리스 식민시들, 에게 해(海) 연안 도시들이 델로스 섬에 모여 동맹을 맺었다. 명목은 페르시아의 침략에 대비하고, 그리스 도시국가들의 독립을 유지하는 것이었다. 동맹국은 함대를 직접 제공하거나 동맹 기금을 분담해야 했다. 동맹 금고는 델로스 섬에 보관되었고, 동맹회의도 델로스에서 열렸다. 동맹 함대의 주축은 아테네였으므로, 델로스 동맹은 아테네의 지배 도구가 되었다. 이후 펠로폰네소스 전쟁에서 아테네가 스파르타에 항복하면서 해산되었다.

지주·기사 계층 / 기병

중간 계층 / 무장 보병

하층 노동 계층, 테테스에게
해군 복무에 따른 급료를 지불하게 되면서,
정치에 참여하고자 하는 이들의 욕구도
급격히 커졌습니다.

하층 노동 계층 / 노병

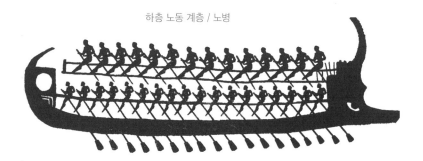

욕구도 급격히 커졌습니다.

조시아 오버 Josiah Ober | 스탠퍼드 대학 교수

"아테네는 해군 동맹[델로스 동맹]을 통해 거두어들인 자금을 시민들에게 급여로 지급했는데, 이는 군사력을 늘리는 데 실질적인 도움이 되었습니다. 부유하지 못했던 일부 아테네인들은 해군 동맹에서 노 젓는 일을 해 일정한 소득을 얻기도 했는데, 그들은 이런 식으로 '민주주의'에 참여했다고 볼 수 있습니다. 나라에서 급여를 정기적으로 받았으므로 더욱더 적극적으로 국가 일에 참여할 수 있었던 겁니다."

기원전 462년 보수파와 귀족 시민들이 스파르타 원정을 나간 사이, 테테스들은 급진파 시민들과 손을 잡고 민회에서 하나의 개혁안을 통과시킵니다(에피알테스Ephialtes의 개혁). 이 개혁안의 내용은 귀족회의(아레오파구스Areopagus)의 권한을 평의회와 시민 법정으로 넘긴다는 것. 그 결과 테테스들의 정치 참여가 확대되면서 급진적인 민주주의가 시작됩니다. 이때를 전후로 해, 우리가 알고 있는 민주주의의 어원 '데모스 크라티아'demos+kratia(kratos)라는 말이 처음 사용되기 시작했습니다. 당시에 이 말은 금방 인기를 얻어, 우렁차게 울어대는 갓 난 사내아이에게 '데모크라테스'라는 이름을 붙이기도 했습니다.[5]

아테네에서 시민 자격은 부모가 모두 시민인, 20세 이상의 남성에게만 부여되었습니다. 그들은 18세가 되면 1년간 군사훈련을 받고, 19세에 수비 업무를 수행하며, 20세가 되면 정식 시민이 되었습니다. 아테네 시민들은 시민 전체의 모임인 민회에 출석해 아테네의 중요 업무를 최종 결정할 수 있었습니다.

아크로폴리스 서쪽에 자리한 프닉스pnyx 언덕은 아테네 민주주의의 상징과도 같은 곳입니다. 바로 민회가 열렸던 장소입니다. 아테네 시민 전체가 참석해 시의 중요한 업무를 결정했던 민회. 민회는 1년에 40회, 약 9일에 한 번씩 열렸습니다. 민회에서는 주장과 반론을 충분히 할 수 있었으며 보통은 손을 들어 투표로 결정했습니다.

조시아 오버 | 스탠퍼드 대학 교수

"아테네의 정부는 매우 복잡했습니다. 그러나 정부의 요소 가운데 가장 중요한 것은 '민회'(에클레시아ekklēsia)로 5천 명, 많게는 8천 명의 시민들이 넓은 야외극장 같은 곳에 한데 모여 의견을 공유하고 정책을 결정했습니다. 이것이 가장 중요한 정부 형태였습니다."

아테네 민주주의는 민회뿐만 아니라 평의회boulē, 집정관들archai, 시민 법정dikasteria이라는 네 개의 기둥으로 운영되었습니다.

도시국가 아테네의 중요한 정치적 결정과 입법은 민회에서 이루어졌습니다. 민회는 즉흥적인 제안과 즉석연설이 난무하던 곳은 아니었습니다. 시민 5백 명으로 구성된 평의회가 민회에서 의논할 주요 안건들을 미리 결정했기 때문입니다. 그리고 아테네 민주정에서

"아테네의 정부는 매우 복잡했습니다.
그러나 정부의 요소 가운데 가장 중요한 것은 '민회'로
5천 명, 많게는 8천 명의 시민들이 넓은 야외극장 같은 곳에
한데 모여 의견을 공유하고 정책을 결정했습니다."

민회가 열렸던 프닉스 언덕. 아테네 민주주의의 황금기에 테미스토클레스, 페리클레스, 아리스티
데스 등이 이 언덕 위의 연단에 올라 연설을 했다.

는 민회가 수행하지 않는 대부분의 기능을, 추첨을 통해 선출된 시민들에게 위탁했습니다. 이 원칙은 주로 집정관들에게 적용되었는데, 집정관의 임기는 1년이고 대체로 단임이었습니다. 나아가 아테네 행정부를 구성했던 7백 명가량의 행정직 가운데 6백 명 정도가 추첨을 통해 충원되었습니다. 다만 전쟁을 지휘하는 장군과 재정을 관리하는 재정관은 추첨이 아니라 선거로 선출되었으며 중임이 가능했습니다.

아테네 민주정의 또 다른 특징은 시민이 직접 기소하고, 피고인이 직접 변호하며, 시민 배심원이 판결하는 시민 법정에 있습니다. 배심원단은 자원하는 시민들 가운데 매년 6천 명을 추첨으로 선출해 구성했으며, 재판이 열리는 날 모인 배심원단 가운데 즉석으로 추첨해 재판을 담당할 배심원을 정했습니다.

아테네 민주주의에서는 민회와 시민 법정이 최고의 정치 기관이었으며, 여기서 내린 결정은 항상 "에독세 토 데모"*edoxē tō dēmō*, 즉 "시민에 의해 의결되었다."라는 표현이 따랐습니다.

조시아 오버 | 스탠퍼드 대학 교수

"그 결정은 '시민에 의한 정책'이라고 부를 수 있었습니다. '자기들 마음대로 결정'했다거나 '시민의 의견을 대표하지 못하는 정책'이라고 생각하지 않았으며, 정말로 아테네 시민들의 의견을 대표한다고 여겼습니다. 그래서 입법을 하는 사람과 그렇지 않은 사람들 사이에는 구별이 존재하지 않았습니다. 동일한 존재였죠. 시민이 곧 정부였고, 정부가 만든 정책은 곧 시민이 만든 정책이었습니다."

흔히 아테네는 모든 사안에 대해 전체 시민들이 모여 결정을 내렸다고 말합니다. 하지만 실제로는 그렇지 않았습니다. 아테네에서 주요 결정은 민회에서 이루어졌지만, 민회가 수행하지 않는 대부분의 기능은 추첨을 통해 선출된 일군의 시민들에게 위탁했습니다. 오늘날과 큰 차이가 있다면, 그런 업무를 담당할 시민을 선출하는 방식이 달랐을 뿐입니다. 선거가 아니라 추첨으로 선출했다는 점 말입니다. 아테네는 정치에 참여하겠다고 지원한 시민들을 대상으로 추첨을 실시했습니다. 추첨은 **클레로테리온**Kleroterion이라는 독특한 제비뽑기 장치로 이루어졌습니다.

선거가 아닌 추첨, 이것이 바로 아테네식 민주주의의 핵심이었습니다. 그렇다면 아테네 시민들은 왜 추첨을 민주주의의 핵심적인 장치로 활용했을까요? 아테네 시민들은 통치자가 일반 시민들과 분리되어 계속 통치하는 것은 민주주의가 아니라고 생각했습니다. 아리스토텔레스는 "자유는 통치하는 것과 통치 받는 것을 번갈아 하는 것이다."라고 주장했습니다.[6] 이를 실현하기 위해 추첨제와 단임제를 통해, 통치에 참여하기를 원하는 시민에게 그 기회가 골고루 돌

▷ 시민들은 클레로테리온의 오른쪽 가로 홈에 각자 이름표를 넣고, 검은 돌과 흰 돌을 섞어서 왼쪽 수직관으로 떨어뜨린다. 그러면 검은 돌 사이에서 흰 돌이 멈춘선 줄에 이름표를 넣은 시민들이 선발되는 것. 아테네에는 이 기계가 많이 있었는데, 시장과 각 법정 입구에 반드시 하나씩 있었다.

클레로테리온

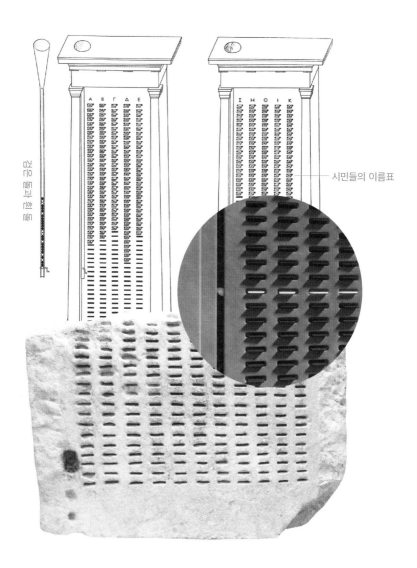

검은 돌과 흰돌

시민들의 이름표

추첨에서 이름이 뽑힌 사람은 직무를 수행하기 전에 심사를 받아야 했다. 이 심사는 그들이 직무를 수행할 수 있는 법적 자격이 있는지, 부모를 대하는 태도가 만족할 만한지 그리고 납세 실적은 어떠하며 군복무는 마쳤는지 여부를 조사하는 것이었다. 또한 과두정에 동조하는 사람은 심사 과정에서 탈락했다.

…… 아테네 정치체제는 시민들이 미숙하다거나 무능력하다고 판단한 행정관의 선출을 방지하는 제도적 장치를 가지고 있었다. 우선 행정관은 언제나 민회와 시민 법정의 감시를 받았다. 임기가 끝나면 결산 보고서를 제출해야 했으며, 임기 중에도 시민들이 그들에게 책임을 물을 수 있었고 직무 정지를 요구할 수 있었다. …… 시민이면 누구나 행정관에 대한 불신임 투표를 제안할 수 있었다. 만약 행정관이 투표에서 지면 즉각 업무가 정지되고 사건은 법정에 회부되어 무죄 혹은 유죄판결을 받게 된다.

이 점에서 모든 시민은 행정관이 되면 직무 결산 보고서를 제출해야 한다는 것, 탄핵될 가능성이 늘 있다는 것, 소송에서 지면 처벌을 감수해야 한다는 사실 등을 사전에 알고 있었다. ……추첨은 모든 시민을 대상으로 이루어진 것이 아니라, '자신의 이름을 추첨 기계에 넣은 사람'에 한해서 이루어졌다.

— 버나드 마넹, 『선거는 민주적인가』(후마니타스, 2004), 27-28쪽.

아갈 수 있도록 한 것입니다.

조시아 오버 | 스탠퍼드 대학 교수

"그리스의 위대한 철학자 아리스토텔레스는 자유는 통치하는 것과 통치 받는 것을 번갈아 하는 것이라고 했습니다. …… 어느 때는 '통치자'가 되고, 어느 때는 '통치 받는 자'가 되라는 것입니다. 두 가지 경우를 모두 받아들이라는 것이죠. 왜냐하면 사법, 입법, 일반 공공 기관에서 일할 수 있는 기회가 늘 주어지기 때문입니다. 이것이 그리스 정치의 핵심입니다. 모든 사람이 중요한 나랏일을 맡을 수 있는 똑같은 기회를 가지고 있다는 것 말입니다. 시민은 그저 나라에 종속된 존재가 아니라 정부를 만들어 나가는 존재였던 것입니다."

아테네 시민들이 추첨제를 도입한 것은 엘리트에 대한 깊은 불신 때문입니다. 자원 배분을 엘리트가 결정하면 결국 자신들이 지배받게 되리라 생각했던 것입니다.

플라톤은 민주주의를 혐오했고, 도덕적으로 우월한 철학자가 통치해야 한다는 '철인정치'哲人政治를 주장했습니다. 그러나 아테네 시민들에게 정치는 전문성을 필요로 하는 행위가 아니었습니다. 그들은 시민을 지배할 자격이 있는 소수의 엘리트가 있다고 믿지 않았습니다. 고대 그리스인들은 사람에 관한 놀라운 믿음이 있었습니다.

모든 사람이 제우스신으로부터 같은 몫의 정의감dikē과 양심aidōs을 받았다고 믿었던 아테네 시민들. 그들에게 정치는, 정의감과 양심만

"자유는 통치하는 것과 통치 받는 것을
번갈아 하는 것이다."

— 아리스토텔레스

있다면 모든 시민이 참여할 수 있는 영역이었습니다. 누구도 정치적으로, 도덕적으로 우월하지 않다는 믿음, 그것이 바로 민주주의라고 본 것입니다.

우리는 아테네 민주주의를 '중우정치'衆愚政治로 폄하하는 이야기를 많이 들어 왔습니다. 민주주의가 중우정치였다면 어떻게 2백 년을 넘게 유지할 수 있었을까요? 민주주의는 인간에 대한 믿음과 다원주의적 사고를 기반으로 합니다. 아테네 민주주의는 찬란한 그리스 문명을 꽃피운 토대였습니다.

아테네에서 민주주의가 끝나게 되었을 때, 그것을 끝낸 것은 아테네 시민들의 정치적 선택이 아니었습니다. 이웃 제국인 마케도니아의 침략을 받아 역사 속으로 사라진 것입니다. 그와 더불어 민주주의의 전통도 중우정치라는 오명을 안고 역사 속으로 사라졌습니다.

그리고 오랜 침묵을 깨고 민주주의가 역사의 전면에 다시 등장한 것은 미국에서였습니다.

근대 민주주의의 서막, 미국 혁명

1776년, 미국 독립 전쟁 당시 전투를 독려하기 위해 (군가로 널리 애용되었던) 미국 민요 〈양키두들〉(Yankee Doodle)을 연주하고 있는 군인. 더 스피릿 오브 '76(The Spirit of '76) | 아치볼드 윌리어드(Archibald M. Willard), 1875년경 작.

1775년 4월 19일, 미국 보스턴 근처 렉싱턴Lexington 시 외곽에서 한 발의 총성이 울립니다. 미국 독립전쟁이 시작된 것입니다. 그리고 이 총성은 세상을 바꾸게 됩니다.

당시 북아메리카는 영국의 식민지였습니다. 1755년 이 지역을 놓고 영국과 프랑스가 7년 전쟁을 벌였습니다. 영국은 전쟁에서 승리했지만 국고를 탕진했고, 이를 충당하기 위해 차·설탕·종이 등에 대한 막대한 세금을 북아메리카 식민지에 부과합니다. 시민들은 자신들의 동의 없이 세금을 부과한 것에 격렬하게 반발했습니다.

1773년 12월, 보스턴의 한 단체가 항구에 정박해 있던 영국 선박을 습격해 차 화물을 모두 바다에 던져 버렸습니다. 영국은 강경하게 대응했습니다. 군대를 파병하고 보스턴이 있는 매사추세츠 주의 자치권을 빼앗아 버린 것입니다. 이에 격분한 보스턴 시민들은 민병대를 조직해 영국군에 맞섰습니다. 영국군과 보스턴 민병대의 첫 격돌. 그것이 바로 렉싱턴 전투였습니다.

8년간 계속된 전쟁은 결국 1781년 10월, 영국군이 항복하면서 미국 시민군의 승리로 끝났습니다. 그리고 1787년, 독립을 쟁취한 북아메리카의 주 대표들은 필라델피아에 모여 역사적인 제헌의회를 열었습니다. 그런데 이 의회에서는 두 입장이 부딪히면서 격렬한 논쟁이 벌어졌습니다.

개별 주들의 자치권을 강조하는 반연방주의anti-federalist 입장과, 강력한 연방 정부의 필요성을 주장하는 연방주의federalist 입장이 팽팽히 맞섰던 것입니다. 논쟁 끝에 결국 주 대표들은 연방주의자들의 주장에 따라 연방헌법안에 합의하게 됩니다. 이 회의에서 작성된 초안은 각 주로 보내져 비준을 받아야 했습니다. 하지만 비준은 쉽지 않았습니다. 제헌의회에서 그랬듯이, 각 주에서도 동일한 논쟁이 되풀이됐기 때문입니다. 그중에서도 뉴욕 주는 연방 정부에 대한 반발이 심한 곳이었습니다. 이때 제임스 매디슨James Madison은 알렉산더 해밀턴Alexander Hamilton, 존 제이John Jay와 함께 뉴욕 주 의회가 연방헌법안을 비준하도록 설득하기 위해 『연방주의자 논설』*The Federalist Papers*을 작성했습니다. 여기에서 매디슨은 미국 국가 체제의 성격을 명료하게 밝히고 있습니다. 그는 자신들의 정부는 민주주의가 아니라 공화제라고 했습니다. 왜 그랬을까요?

당시 뉴욕의 신문에 게재된 "연방주의자 논설" 10번에서 제임스 매디슨은 공화제가 민주주의와 다른 점을 두 가지로 정리했습니다.

공화제는 첫째, 시민이 선출한 소수의 대표에게 정부를 위임한다는 것이고, 둘째, 더 많은 수의 시민들과 더 넓은 범위의 국가로 확장될 수 있다는 것입니다.

존 던John Dunn | 케임브리지 대학 킹스칼리지 명예교수

"미국 헌법이 제정된 후 20~30년 동안 미국은 '민주국가'로 불리지 않았습니다. 『연방주의자 논설』을 작성한 알렉산더 해밀턴과 제임스 매디슨 등은 미국 민주주의가 그리스 민주주의와 비슷한 모습이 될 것을 우려

"민주주의와 공화제 간의
가장 큰 두 가지 차이점은
첫째, 공화제의 경우 시민이 선출한
소수의 대표에게
정부를 위임한다는 사실이다.
둘째, 공화제는 더 많은 수의 시민들과
더 넓은 범위의 국가로
확장될 수 있다는 점이다."

— "연방주의자 논설" 10번 중에서 7

했습니다. 그래서 그들은 그리스보다 규모가 크면서도 훨씬 합리적이며, 다수 집단의 충동에 의해 좌우되지 않는 형태의 체제를 구상했습니다."

고대 아테네의 시민은 대략 3만 명 정도였습니다.[8] 이 정도 규모에서는 누구나 언제든 민회에 참여할 수 있고, 본인이 원한다면 일생에 한 번은 공직을 맡을 수 있었습니다. 하지만 미국 건국 당시 조지 워싱턴George Washington을 대통령으로 선출하는 데 참여할 수 있었던 시민은 22만 명이었습니다(당시에는 전체 인구 380만 명 가운데 6퍼센트만이 투표권을 가졌습니다). 그리고 오늘날 미국의 투표 가능 인구는 2010년 기준으로 2억3,400만 명이 넘습니다.

미국에서 가장 큰 대학 경기장은 미시간 대학교 스타디움으로 10만 명을 수용할 수 있습니다. 만약 투표 가능한 미국 시민 2억3,400

미시간 대학 스타디움 수용 인원 10만 명
투표 가능한 시민 **2억3,400만 명**
이들이 모여 토론하고 투표하기 위해
필요한 공간의 크기는
미시간 대학 스타디움 **2,340개** 넓이

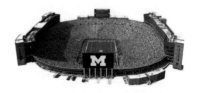

1명당 5분씩 발언
234,000,000명이 발언하면
1,170,000,000분 = 2,226년

만 명을 직접민주주의로 모두 수용한다면 미시간 대학교 스타디움이 2,340개로도 모자랍니다.

이런 집회에서는 토론도 불가능합니다. 한 사람당 5분씩만 발언해도 2억3,400만 명이 모두 발언하려면 총 11억7천만 분, 즉 2,226년이 소요됩니다.

제임스 매디슨은 이 같은 방식으로는 미국 정부를 운영할 수 없다고 봤습니다. 그래서 대표자를 선거로 선출하는 대의 민주주의를 도입하면서 이를 '공화제'라고 명명한 것입니다.

애덤 쉐보르스키 Adam Przeworski | 뉴욕 대학 교수

"미국과 프랑스에서 근대 대의제도가 만들어지고 있던 18세기 말, 민주주의는 일반적으로 '가난한 자들의 통치'를 의미했습니다. 당시 사람들은 그리스 민주주의가 혼란, 무질서, 무정부 상태를 발생시키고, 무엇보다 재산권을 위협한다고 보았습니다.

아리스토텔레스와 폴리비우스 또한 정부 형태를 분류할 때 과두제는 부유한 자들의 통치, 군주제는 왕의 통치, 민주주의는 가난한 자들의 통치라고 보았습니다. 대다수 사람들이 가난했으므로 민주주의가 재산권을 위협하리라 본 것이죠. 그러므로 연방주의를 주창한 이들을 비롯한 미국 건국의 아버지들이나 프랑스의 정치 지도자들은 민주주의를 나쁜 정부 형태라고 생각했으며, 민주정이 아닌 공화정을 수립하겠다고 말했습니다."

· 민주주의가 미국에서 2천여 년 만에 다시 역사의 전면에 등장할 수 있었던 이유는 무엇일까요?

나중에 다시 등장한 민주주의는 아테네 민주주의와는 다른 것이었습니다. 사실 처음에는 민주주의라는 용어도 쓰지 않았습니다. 당시 미국은 스스로 '공화국'이라고 했는데, 영국 왕을 몰아냈으므로 군주제가 아니었기 때문입니다.

미국을 건국한 위대한 정치 지도자들과 사상가들은 공화제를 구상하기는 했지만, 아테네와 같은 민주국가를 건설한다고 생각하지는 않았습니다. 아테네에 대해 그들은 부정적인 인상을 갖고 있었

죠. 이는 아테네에 대한 지식이 대부분, 아테네 민주주의의 신봉자들보다는 그것에 몹시 비판적이었던 아테네 출신, 혹은 아테네에 거주했던 작가들로부터 비롯되었기 때문입니다. 정치체제에 대한 뛰어난 그리스의 저서 가운데, 민주주의를 신봉한 사람 혹은 민주주의를 이론적으로 지지한 사람이 쓴 책은 한 권도 없었습니다.

미국 헌법이 제정된 후 20~30년 동안 미국은 민주국가로 불리지도 않았습니다. 오히려 『연방주의자 논설』을 작성한 알렉산더 해밀턴과 제임스 매디슨 등은 미국 민주주의가 그리스 민주주의와 비슷한 형태가 될 것을 우려했습니다. 그래서 그들은 그리스보다 규모가 크면서도 훨씬 합리적인, 그리고 다수 집단에 의해 좌지우지되지 않는 체제를 구상했습니다.

미국이 민주국가로 불리게 된 이유는 어떻게 보면 그저 정치체제의 형태에 이름을 붙여야 했기 때문입니다. 프랑스혁명 이후부터는 공화정과 여타 정치체제 사이의 구분이 불분명해졌습니다. 즉, 미국이 스스로를 민주국가라고 부르게 된 이유 가운데 하나는 프랑스혁명으로 세워진 공화정과 미국을 구분하기 위해서였습니다.

프랑스 공화국은 정치적 특성이나 사회적 영향력의 측면에서 미국 공화국과 매우 달랐습니다. 미국은 사유재산권의 보장을 강력하고 일관되게 추구했습니다. 그러나 프랑스 공화국은 사유재산의 보호라는 측면에서 무척이나 변덕스러웠기 때문에 사람들은 공화국을 매우 불신했습니다. 미국은 무언가를 생각해 내야 했죠. 미국은 스스로를 귀족 통치 국가라고 생각하지도 않았지만 군주제라고는 더더욱 생각하지 않았습니다. 고대로부터 참고할 수 있는 정치체제에는 세 가지가 있었죠. 한 사람이 통치하는 군주제, 소수 엘리트가 지배하는 귀족정, 그리고 모든 시민에 의한 지배인 민주주의가 있었습니다. 물론 미국은 스스로를 군주제나 귀족정이라기보다는 민주주의라고 생각했고, 그것을 국가의 이념으로 채택했습니다.

사실 프랑스혁명에서 가장 급진적이었던 민주주의 운동은 완벽하게 패배했죠. 이 운동은 아테네 민주주의가 마케도니아의 침략으로 철저하게 정복당했던 것 이상으로 궤멸되었습니다. 그래서 어떻게 보면, 민주주의는 유럽에서 아주 명백한 패자였습니다. 프랑스혁명이 끝나고 약 75년 동안 유럽에서 민주주의를 이룩한 국가는 스위스 정도를 제외하고는 없었습니다. 즉 오랜 세월 민주주의는 현실적인 정치형태로 간주되지 않았습니다.

현재 영국 사람들은 영국이 아주 오랫동안 민주국가였다고 생각합니다. 그러나 국민의 대표들이 수백 년 동안 영국의 정치제도를 구성하기는 했습니다만, 이를 민주주의라고 부르지는 않았습니다. 영국이 스스로 민주국가라고 부르기 시작한 것은 19세기 말부터입니다. 그리고 유럽만이 아니라 전 세계에서 민주주의가 현대적이며 합당한 체제로 인정받을 수 있었던 것은 제2차 세계대전이 끝난 후의 일입니다.

민중을 이끄는 자유의 여신(Liberty Leading the People) | 외젠 들라크루아(Eugène Delacroix), 1831년 작.

1-04

민주주의의 확장 :
보통선거권을 위한 투쟁

　　　　　미국이 건국될 당시만 해도 민주주의라는 개념은 부정적인 의미가 강했습니다. 오히려 공화제가 훨씬 더 선호되었습니다. 그런데 언제부터인가 공화제보다 민주주의가 보편적인 이념이 되었습니다. 왜일까요? 그것은 자원 배분에 참여하려는 가난한 시민들의 의지와 함께 이루어졌습니다. 바로 보통선거권입니다.

　1842년, 미국의 로드아일랜드 주에서 기이한 일이 발생합니다. 두 명의 주지사가 동시에 선출된 것입니다. 이 사건을 주도한 사람은 변호사 출신의 토머스 도어Thomas Dorr. 그는 시민들과 함께 자신들만의 시민 헌법을 만들었습니다. 이 헌법에 따라 주지사로 선출된 토머스 도어는 반란을 일으킵니다.

　인근 무기고를 습격해 무장투쟁까지 벌이려 했던 시민들. 그들이 반란을 일으킨 이유는 다름 아닌 선거권 때문이었습니다. 당시 로드아일랜드 주에서는 상당한 재산을 가진 백인 남성들만 투표할 수 있었습니다. 대략 절반의 남성은 투표할 자격이 없었던 것입니다.

모든 백인 남성에게 선거권을 달라, 이것이 바로 평범한 시민들(물론, 백인 남성들)이 총을 잡고 나선 이유였습니다. 하지만 권력을 가진 엘리트들은 선거권 확대를 원하지 않았습니다. 반란은 결국 정부에 의해 진압되었고, 주동자 도어는 재판에 회부되어 종신형을 선고받았습니다.

하지만 이 사건은 선거권 제한에 대한 문제를 미국 연방 전체로 확대시키는 결정적인 역할을 하게 됩니다. 결국 반란이 일어난 지 1년 만에 로드아일랜드 주는 선거권 조항을 개정합니다. 반역죄로 수감됐던 토머스 도어도 석방됐습니다. 그리고 1850년대, 마침내 미국에서는 재산권에 의한 백인 남성의 선거권 제한이 완전히 사라지게 됩니다. 물론, 이는 백인 남성들의 이야기이기는 합니다. 여성과 흑인은 그 후로도 한참 동안이나 참정권을 갖지 못한 채 남겨져 있었습니다.

선거권을 둘러싼 갈등은 비단 미국만의 문제가 아니었습니다.

산업혁명의 발원지, 영국. 19세기, 혁신적인 기술 발전과 함께 시작된 산업혁명은 영국의 경제구조를 근본적으로 뒤바꿔 놓았습니다. 변화된 경제 지형은 사회구조에도 영향을 미쳤습니다. 노동인구가 농촌을 떠나 도시로 몰리면서 새로운 계층이 대두하기 시작한 것입니다. 바로 노동자들이었습니다.

1838년 8월, 3만여 명의 노동자들이 참여한 대규모 집회가 열렸습니다. 일명 '차티스트 운동'Chartist Movement이라고 불리는 선거법 개정 운동의 시작이었습니다. 긴 노동시간과 저임금, 빈부 격차에 시달리

차티스트 운동은 단순히
투표권을 얻기 위한 요구가 아니었습니다.
선거권을 쟁취함으로써 자원 배분에
시민들이 참여할 수 있는 길을 열려는 것이
진짜 목표였습니다.

고 있던 영국의 노동자들. 그들이 집회에서 요구한 것은 투표권이었습니다. 당시 영국에서는 대지주들만이 투표권을 가지고 있었기 때문입니다.

그렇다면 노동자들에게 보통선거권이 그토록 중요했던 이유는 무엇이었을까요? 1838년 9월, 차티스트 지도자였던 조지프 스티븐스 Joseph Rayner Stephens 목사는 그 이유를 이렇게 역설했습니다.

"보통선거권은 포크와 나이프, 빵과 치즈의 문제처럼 생활에 밀접히 닿아 있습니다. 내가 말하는 보통선거권이란 이 땅의 모든 노동자가 좋은 외투를 두르고, 좋은 모자를 쓰고, 온 가족이 번듯한 집에 살며, 제대로 된 식사를 할 권리가 있다는 것을 뜻합니다."[9]

스티븐스의 말처럼 당시 차티스트 운동은 단순히 투표권을 얻기 위한 요구가 아니었습니다. 선거권을 쟁취함으로써 자원 배분에 시민들이 참여할 수 있는 길을 열려는 것이 진짜 목표였습니다. 십 년 가까이 지속된 차티스트 운동은 실패했지만 1866년 하이드파크에서 대규모 선거권 개혁 시위가 벌어지면서 마침내 노동자들이 선거에 참여할 수 있는 권리를 얻게 됩니다.

영국에서 완전한 보통선거권이 쟁취된 것은 제1차 세계대전 중에 병력 및 무기 생산 노동력이 필요했던 정부와 노동계층 사이에 이루어진 대타협의 결과였습니다. 1918년에는 21세 이상의 모든 남성에게로 투표권이 확대되었습니다. 그로부터 10년 뒤인 1928년, 21세 이상의 여성들에게도 선거권이 허용되기에 이릅니다. 모든 시민이 선거에 참여할 수 있는 시대가 비로소 열리게 된 것입니다.

버나드 마넹Bernard Manin | 뉴욕 대학 교수

"유럽에서 투표권이 서서히 확대되는 과정은 시민들이 민주주의에 애착을 갖는 데 매우 중요한 것이었습니다. 보통선거권을 얻기 위해 싸웠다면 이 가치는 더욱 소중하겠죠. 그래서 [링컨이 말했듯이] "투표용지는 총알보다 강하다."라는 믿음도 생겨났습니다. 선거권 확대를 위한 투쟁은 사람들로 하여금 투표를 더욱 중요한 것으로 생각하게 만들었습니다."

보통선거권을 얻기 위한 투쟁 속에서 민주주의는 인류의 보편적 가치로 성장했습니다. 모든 국가에서 보통선거권은 일반 성인 시민이 누리는 당연한 권리가 되었습니다. 모든 시민이 정치적으로 평등해야 한다는 신념은 이제 흔들리지 않는 가치가 되었습니다. 그리고 민주주의는 시민들이 자원 배분에 참여하고 이를 통제할 수 있다는 오래된 이상을 실현할 수 있게 했습니다.

"인류의 절반이 자유롭지 못할 때,
진정한 평화란 있을 수 없습니다."

에멀린 팽크허스트(1858~1928): 여성사회정치동맹(WSPU)을 결성, 전투적인 여성 참정권 운동을
전개했다. 사진은 유명한 연설, "자유 아니면 죽음을"의 한 장면. (출처: Huston Archive.)

주요 국가별 여성 참정권 도입 연도

	미국	영국	프랑스	스위스
남성	1870년	1918년	1848년	1848년
여성	1920년	1929년	1944년	1971년

출처: EBS 〈특별 기획 다큐 The Vote(투표)〉(2016년).

· 민주주의는 서구에서 어떻게 확산되었습니까?

민주주의는 도시의 중산계층이었던 부르주아의 시각을 반영합니다. 부르주아지는 산업혁명을 통해 경제적 주도권을 가지게 되었는데, 이들은 그에 걸맞은 정치적 힘도 원했죠. 이것이 바로 부르주아지의 흥미로운 점입니다. 그들은 행정에 참여하고 싶어 했어요. 일정한 역할을 하고 싶어 했습니다.

그들이 어떻게 행정에 참여할 수 있게 되었을까요? 여기에는 몇 가지 이유가 있습니다. 17~19세기에는 정부가 시민들을 필요로 했습니다. 시민들과 협력해야 했죠. 시민들은 군사적 기반이 되어 주

었습니다. 오늘날 '1인 1표'의 원칙은 아주 보편적인 것입니다만 19세기에는 슬로건이 조금 달랐습니다. '남성 한 명당 하나의 투표권과 한 자루의 총'이었습니다. 남성들은 투표권을 가지되 군사적인 의무도 져야 했습니다.

여성 참정권이 제1차 세계대전을 계기로 인정되었다는 사실을 아는 사람이 얼마나 될지 모르겠습니다. 전쟁 당시 영국과 캐나다, 미국 등의 정부는 여성들이 후방에서나마 전쟁을 지원해 주길 바랐습니다. 영국의 경우, 제1차 세계대전 당시 수많은 여성들이 전시에 부족한 노동력을 제공하고, 여성육군지원군단이나 간호의용군으로 자원하는 등 전쟁에서 지대한 공헌을 했는데, 그 결과 전쟁이 끝난 1918년 2월 30세 이상의 여성에게 처음으로 투표권이 주어졌습니다.

보통선거권은 한번 주어지면 다시 회수하기 어렵습니다. 정부는 시민군도 필요했고, 시민들의 재정적 지원도 필요했죠. 초기 유럽에서 정부는 로스차일드Rothschild 은행이나 베어링Barings과 같은 국제은행에서 돈을 빌렸습니다.

그러나 정부는 시민들로부터 직접 재정을 지원받을 수 있다는 것을 깨달았습니다. 미국 정부는 남북전쟁 때 이 사실을 알게 되었죠. 남북전쟁이 시작될 무렵 유럽의 은행가들은 연방정부군(북부군)이 패할 것이라고 생각했습니다. 첫 번째 전투에서 연방군이 패했습니다. 연방군의 패배는 곧 미국 정부의 패배였으므로 아무도 돈을 빌려주지 않았습니다. 앞으로 존재하지 않을지도 모르는 정부에 누가 돈을 빌려주겠습니까?

연방군의 입장에서는, 군대를 늘리고 배를 만들어 전쟁을 계속하려면 자금이 절실했습니다. 어느 날 뉴욕 시 은행가였던 제이 쿡Jay Cooke이 링컨 대통령에게 말했지요. 유럽의 은행가들은 미국 정부에 돈을 빌려주지 않을 것이다, 그러나 미국 시민들의 애국심에 호소한다면 그들은 얼마 안 되는 돈이라도 기꺼이 낼 것이라고요. 잘만 된다면 유럽의 은행이 아니라 바로 미국 시민이 재정을 지원해 줄 것이라는 이야기였죠. 링컨을 비롯한 정부 관계자들은 이해하지 못했습니다. 쿡이 말했습니다. "아주 소액의 국채를 발행하는 겁니다. 5달러, 1달러, 아마 50센트도 가능하겠죠. 사람들에게 돈을 지불할 것을 약속하고 채권을 발행하면 시민들은 국채를 살 겁니다." 링컨과 관리들은 의문을 품었습니다. "확실합니까?" "한번 지켜보시죠." 미국 연방 정부가 남북전쟁 첫 해에 살아남을 수 있었던 것은 이런 방법 덕분이었습니다. 그들은 수백만 명의 일반 미국 시민들에게 채권을 팔았습니다. 정부는 일반 시민들의 애국심을 촉발시켰고, 시민들은 정부의 재정에 큰 도움을 주었습니다.

이 두 가지, 즉 시민은 정부에 군사력과 재정적 기반을 제공함으로써 엄청난 권력을 갖게 되었습니다. 이는 투표권과 민주적 정치의 태동으로 직결되었죠.

노예해방 선언서의 최초 낭독 | 프랜시스 빅넬 카펜터(Francis Bicknell Carpenter), 1864년 작
왼쪽부터 오른쪽으로, 에드윈 스탠턴(Edwin M. Stanton, 육군장관, 앉은 사람), 샐먼 체이스
(Salmon P. Chase, 재무장관), 에이브러햄 링컨(Abraham Lincoln), 기돈 웰레스(Gideon Welles,
해군장관), 칼렙 블러드 스미스(Caleb Blood Smith, 내무장관), 윌리엄 수어드(William H. Seward,
국무장관, 앉은 사람), 몽고메리 블레어(Montgomery Blair, 우정장관), 에드워드 베이츠(Edward
Bates, 법무장관, 앉은 사람).

기근과 민주주의 :
자원 배분에서 민주주의는
어떤 역할을 했을까

　　　　　　1983년부터 1985년까지, 아프리카 대륙에서는 삶과 죽음이 교차하고 있었습니다. 식량 생산량이 갑자기 줄었기 때문입니다. 그런데 한 나라는 죽음의 땅이 되었고 또 다른 한 나라는 생존의 땅이 되었습니다. 바로 에티오피아와 보츠와나였습니다.

에티오피아에서는 1백 만 명이 굶주림으로 목숨을 잃었습니다. 반면, 보츠와나에서는 단 한 명의 아사자도 발생하지 않았습니다. 왜일까요?

3년 동안 계속된 가뭄으로, 에티오피아 일부 지역에서는 곡물 생산량이 급감했습니다. 특히 북부 티그레이Tigray 주에서 피해가 극심했습니다. 북부 지역의 곡물 가격은 평년의 3백 퍼센트 수준으로 폭등했고 사재기 현상까지 발생했습니다. 하지만 주민들에게는 폭등한 곡물 가격을 감당할 능력이 없었습니다. 그 결과 1백만 명이 목숨을 잃었습니다.

그런데 이 시기, 에티오피아 전체에서 생산된 곡물량을 살펴보면 놀라운 사실을 발견하게 됩니다. 대기근 바로 전인 1982년에 곡물 생산량은 역대 최고였고, 대기근이 발생한 1983년과 1984년에도 곡물 생산량이 평년보다는 높았던 것입니다.

당시 에티오피아의 대통령은 군부 쿠데타로 정권을 잡은 멩기스투 하일레 마리암Mengistu Haile Mariam 대통령이었습니다. 그는 국민총생산GNP의 46퍼센트를 군사비로 지출한 반면, 기근에 시달리는 시민들을 구제하는 데는 관심을 기울이지 않았습니다.

에티오피아 식량 생산량

년도	총생산량 (단위: 1천 톤)	1인당 생산량
1977	99	95
1978	110	104
1979	122	113
1980	117	106
1981	115	102
1982	127	110
1983	118	99
1984	110	90

출처: Alex de Waal, *Evil Days : 30 years of war and famine in ethiopia* (Human Right Watch, 1991), 〈표 8.1〉.

보츠와나 식량 생산량

년도	총생산량 (단위: 1천 톤)	1인당 생산량
1977	74	290
1978	50	192
1979	10	62
1980	46	172
1981	55	201
1982	17	89
1983	14	63
1984	7	36

출처: Jean Dreze & Amartya Sen, *Hunger and Public Action* (Clarendon Press, 1991), 〈표 8.12〉.

같은 시기, 보츠와나에서는 가뭄 때문에 나라 전체의 곡물 생산량이 평년의 4분의 1 수준으로 급감했습니다. 하지만 에티오피아와는 달리 보츠와나에는 기근이 발생하지 않았습니다. 당시 정부가 취약계층에게 직접 식량을 분배하고 대규모 일자리를 공급하는 등 기근이 발생하지 않도록 적극적으로 나섰기 때문입니다.

보츠와나는 1966년에 영국으로부터 독립한 민주국가로, 민주주의를 유지하면서 동시에 빠르게 경제성장을 이룩한 대표적인 나라입니다. 아프리카 국가들 대부분이 지하자원을 둘러싸고 부족들 간에

내전을 치르고 있지만 보츠와나는 다이아몬드라는 지하자원을 민주적으로 배분하면서 경제성장을 이룩할 수 있었습니다. 이 나라는 1975년에서 2005년 사이 국내총생산 평균 성장률이 5.9퍼센트였고, 2010년 현재 민주주의 지수가 28위입니다(대한민국의 1975~2005년 국내총생산 평균 성장률은 6.0퍼센트, 2015년 현재 민주주의 지수는 22위).

1980년대 아프리카 대륙을 덮친 가뭄. 하지만 이 두 나라의 사례가 보여 주듯이, 기근의 발생 여부는 나라마다 달랐습니다.

이 주제로 노벨경제학상을 수상한 석학이 있습니다. 바로 아마르

방글라데시 곡물 가용량

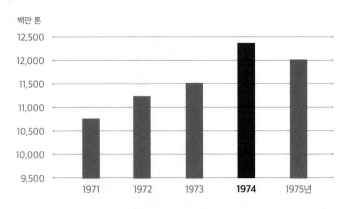

백만 톤

12,500				
12,000				
11,500				
11,000				
10,500				
10,000				
9,500				
1971	1972	1973	**1974**	1975년

출처: Amartya Sen, *Poverty and Famines* (Oxford University Press 1983), p. 138, 〈표 9.5〉.

티아 센Amartya Sen입니다. 그가 처음 관심을 가진 사례는 1974년 방글라데시 기근이었습니다.

1974년 방글라데시의 곡물 가용량은 1972~73년이나 1975년보다 많았지만 수십만 명이 굶어 죽는 대참사가 일어났습니다. 당시 가난한 노동자들은 일거리가 많은 파종 시기에 자신의 노동력을 팔아 생계를 유지하고 있었습니다. 그런데 파종 시기에 홍수가 발생해 대량 실업으로 이어졌습니다. 구매력을 잃은 노동자들은 굶주렸고, 기근이 확산되자 돈 있는 사람들이 식량을 사재기하기 시작했습니다. 자연히 식량 가격이 급등했습니다. 그 결과 식량을 살 수 없는 가난한 시민들은 죽어 갔습니다. 대규모 기근에서 대다수 사람들에게 식량 부족은 고통을 의미하지만 소수에게는 이익을 의미했습니다.

아마르티아 센은 기근이 발생하는 것은 불평등한 소득분배 때문

"기근은 여러 나라에서 수백만의 사람들을 죽이지만,
지배자가 죽는 경우는 없습니다.
만일 선거도 없고 야당도 없고
검열 받지 않는 공개적 비판도 없다면,
권력을 쥔 자들은 기근을 막지 못한
실패에 대해 정치적 책임을 질
이유가 없습니다.
민주주의는 이와 달리 기근의 책임을
지도층과 정치 지도자에게 돌리는 것입니다."

— 아마르티아 센

이라며 이렇게 말했습니다.

"만약 정부가 가난한 시민들의 구매력을 지원하는 정책을 시행하거나 외국에서 식량을 사들여 나누어 주었다면 기근은 쉽게 피할 수 있었을 것입니다."

대대로 한 국가의 자원은 권력을 쥔 사람들이 차지해 왔습니다. 민주주의 국가에서 기근이 발생하지 않는다면 그 이유는, 권력이 시민들에게 있기 때문입니다. 반면 소수의 사람들이 권력을 독점할 때 대다수 시민의 생존과 안전은 위협받을 수밖에 없습니다. 바로 여기에 민주주의의 진정한 힘이 있습니다.

애덤 쉐보르스키 | 뉴욕 대학 교수

"제임스 매디슨은 '선거는 대표자들로 하여금 사람들의 목소리에 귀 기울이지 않을 수 없도록 강제한다.'라는 아주 인상적인 말을 남겼죠. 유권자들은 공직자가 마음에 들지 않으면 해임할 수 있습니다. 따라서 정치인들은 국민의 대표로서, 국민이 자신을 어떻게 심판할지 그 결과를 예측해야 합니다. 미국의 최근 연구 결과에 따르면, 상어 습격 사건이 일어난 플로리다 주 도시의 시장은 해임될 확률이 높다고 합니다. 물론 시장들은 책임이 없죠. 하지만 그런 일이 발생하면 사람들은 불만을 행동으로 표출하게 됩니다. 정권을 바꿀 수 있는 거죠. 이런 권리를 통해 사람들은 비록 누군가에게 통치 받을 수밖에 없지만, 자신들이 적어도 정부를 바꿀 힘을 가지고 있다는 것을 알게 됩니다. 유권자들에게 공직자를 해임시킬 권한이 있다는 것은 정치에 대한, 보통 사람들에 대한, 그리고 민주주의에 대한 믿음이라는 맥락에서 아주 중요합니다."

버나드 마넹 | 뉴욕 대학 교수

"민주주의가 갈등을 해결하는 방식 중 하나는 시민들이 정부를 해고할 수 있다는 것입니다. 민주주의에서 시민들은 직접 통치를 하는 것은 아니지만, 평화적으로, 그리고 정기적으로 정부를 해고할 수 있습니다. 이것이야말로 민주주의가 갖는 큰 의미 가운데 하나입니다."

시민들이 자유로운 선거를 통해 권력과 자원 배분을 통제하겠다는 의지, 그것이 바로 민주주의입니다. 이는 인류의 오래된 이상이었습니다. 그리고 이 오래된 이상에 가까워질수록, 인류는 빈곤이라는 재앙으로부터 멀어질 수 있었습니다. 하지만 아직도 갈 길은 멉니다.

미국 뉴저지 주, 캠든 시 인근의 한 허름한 모텔. 이바 토레스 씨 가족은 벌써 반 년째, 집을 잃고 호텔을 전전하고 있습니다.

서른세 살의 이바 토레스 씨. 그녀의 아이들은 모두 여섯. 첫째 아들은 친정에 맡겨 놓았지만 나머지 아이들은 모두 이곳에서 생활합니다.

"일자리를 잃고 나서부터 나락으로 떨어졌죠. 직업을 잃고 모든 것을 잃었어요. 집도 잃고 차도 잃고. 지금은 잃어버린 것들을 조금씩 되찾으려고 노력하고 있어요."

오늘 저녁도 인스턴트 음식입니다. 다섯 아이가 먹기엔 턱없이 부실하지만, 이마저도 정부에서 나눠 주는 푸드 스탬프로 교환해 겨우 얻은 것들입니다. 이렇게 하루하루 연명해 가고 있는 지금, 토레스 씨에게 가장 두려운 것은, 빈곤이 자식들에게 대물림되는 일입니다.

"제게는 부모와 형제 네 명이 있어요. 모두 고등학교를 중퇴했죠. 저도 부모님을 닮은 것 같아요. 학교가 싫어서 중간에 그만뒀거든요. 하지만 아이들에게는 저처럼 살지 말라고 얘기해요. 학교를 졸업하고 훌륭한 사람이 되어야 한다고요. 아이들이 커서 변호사나 의사가 되고 싶다

고 해서 자랑스러워요. 공부를 계속하고 꿈을 이루기 위해 노력했으면
좋겠어요."

　토레스 씨는 선거 때 투표한 적이 거의 없습니다. 버락 오바마가
대통령 후보로 나왔을 때만 유일하게 투표했을 뿐입니다. 그 전에는
아이들 돌보기 바쁘고 가난하게 살면서 스트레스도 받고 우울증도
생겨서 투표할 생각이 없었다고 합니다.

　아이들도 모텔에서 생활하는 것이 마냥 즐겁지는 않습니다. 옛날
에 살던 집이 좋은지, 지금이 좋은지 물어 보면 "옛날 집이 좋아요.
호텔 생활은 너무 더러워요."라고 대답합니다. 이렇게 빈곤 상태에
놓여 있는 사람들은 토레스 씨 가족만이 아닙니다. 미국 인구 통계
청에 따르면 22퍼센트, 1천6백만 명의 어린이와 청소년들이 빈곤
상태에 있습니다(2014년 기준).

미국에서는 최저임금을 15달러로 올리기 위한 '15달러를 위한 투쟁'fight for $15이 한창입니다. 미국에서 시간당 최저임금은 7.25달러에 불과합니다. 이는 연봉으로 계산하면 1만5,080달러, 한화로 1,734만 원입니다. 미국 전체 노동인구의 4퍼센트가 최저임금 이하에서 생활하고 있습니다. 다음은 시위자들의 이야기입니다.

"가족을 부양할 수 있도록 최저임금을 인상하려는 거예요. 그리고 시간당 8달러를 받아서는 살 수 없다는 말을 사람들에게 알리고 싶어요."

"몇 년 동안 기업들과 최상위 0.1퍼센트가 모든 부를 독점하고 서비스 노동자, 회사원, 소상공인들이 점점 더 많은 압박을 받고 있다는 사실을 우리 모두 알고 있어요. 이 압박은 이제 참을 수 없을 지경이에요."

21세기, 인류는 심각한 위기에 봉착해 있습니다. 극소수의 부자와 대다수의 가난한 사람. 이 오랜 불평등이 다시 고개를 들고 있는 겁니다. 그렇다면 해결책은 무엇일까요? 바로 시민들이 자원 배분에 참여하는 것입니다. 결국 해답은 또다시, 민주주의입니다.

우리는 민주주의 사회에 살고 있습니다. 민주주의는 자원 배분에 대한 통제권을 시민들이 갖는 것입니다. 그렇다면 우리는 이런 과정에 얼마나 참여하고 있을까요? 자원 배분은 제대로 이루어지고 있을까요?

언제부터인가 민주주의는 선거의 문제로 축소되었습니다. 빈곤의 악순환이 다시 도래한 지금, 자원 배분에 대한 시민의 권력의지가 다시 살아나야 합니다. 그것이 바로 민주주의가 다시 필요한 이유입니다.

"가족을 부양할 수 있도록
최저임금을 인상하려는 거예요.
그리고 시간당 8달러를 받아서는 살 수 없다는 말을
사람들에게 알리고 싶어요."

고등학생, 노조 활동가, 패스트푸드 업종에 종사하는 노동자 등이 시간당 최저 임금 15달러를
요구하며 뉴욕 시 맨해튼 거리를 행진하고 있다. (2015년 4월)

정치 + 민주주의

정치에 대한 가장 널리 알려진 정의

"정치는 사회적 가치,
즉 희소한 자원의 권위적 배분이다."
— 데이비드 이스턴

민주주의에 대한 가장 널리 알려진 정의

"민주주의는 시민에 의한 지배/통치이다."
    democracy   demos   cracy

'정치'와 '민주주의'의 정의를 합치면

"민주주의는 시민에 의한 자원 배분 권력이다."

아리스토텔레스는 민주주의의 장점을 이렇게 말했습니다.

"비록 한 명 한 명은 훌륭한 사람이 아니더라도 함께 모였을 때
다수는 가장 훌륭한 소수의 사람들보다 더 훌륭할 수 있다.
그들은 다수이고, 각자 나름대로 탁월함과 지혜를 지니고 있기 때문이다."
—『정치학』 중에서

그래서 자원 배분에서도 시민의 집단적 지혜가 필요한 것입니다.
그것이 바로 민주주의입니다.

1914년, 한 남성이 뉴욕 시 유니온 스퀘어 시위에서 "빵이 아니면 혁명을"이라는 IWW의 구호를 모자에 달고 있다.

민주주의의 엔진, 갈등

2

2-01

갈등의 확산

한 남자가 쫓기듯 택시를 잡아탑니다. 그는 기사에게 토트넘tottenham으로 가달라고 말합니다. 그는 불안한 듯 계속 뒤를 돌아봅니다. 택시가 토트넘에 도착하자 그는 급히 내립니다. 그리고 들려온 네 발의 총소리.

택시를 타고 온 손님은 그 자리에서 숨을 거뒀습니다. 2011년 8월 4일, 영국 런던의 토트넘에서 벌어진 일입니다.

현장에서 죽은 사람은 마크 더건Mark Duggan. 네 명의 자녀를 둔 스물아홉 살의 흑인 가장이었습니다. 조직 폭력배의 일원이었던 그는 경찰의 수배를 받고 있었습니다. 마크 더건에게 총을 쏜 사람은 경찰이었습니다. 경찰은 수배자를 검거하는 과정에서 정당방위로 총을 발사했을 뿐이라고 발표했습니다.

그런데 경찰의 주장은 사실이 아닌 것으로 드러났습니다. 마크 더건은 단 한 발도 쏘지 않았고 먼저 총을 쏜 것은 경찰이었습니다. 이

¹마크 더건 ²마크 더건이 경찰에게 사살된 장소 ³⁴영국 전체로 번져 나간 항의 시위

사실이 알려지면서 가족들과 토트넘 지역 주민들은 항의 시위를 벌였습니다.

시위대가 점점 과격해지더니 하나둘 폭도로 변하기 시작했습니다. 주변 상가를 약탈하고 건물에 불을 질렀습니다. 폭동은 이제 토트넘을 넘어 영국 전체로 번져 나갔습니다. 마크 더건이 죽은 8월 4일부터 11일까지, 8일 동안 다섯 명이 죽고 186명이 부상당하고 3천1백 명이 체포되었습니다. 피해 규모는 10억 파운드, 우리나라 돈으로 1조 7,200억 원에 이르렀습니다.[10]

토트넘 외곽의 조그만 버스 정류장. 마크 더건이 경찰에 의해 사살된 이 장소에서 바로 '영국 폭동'이 시작된 것입니다. 수배 중인 조직폭력배가 검거 과정에서 사망한 사건이 어떻게 영국 전체를 마비시키는 폭동으로 확산되었을까요? 다양한 해석이 있습니다만 우리가 주목한 것은 갈등이 어떻게 확산되느냐 하는 것입니다. 갈등은 어느 순간 폭동으로 확산될 수도 있습니다. 왜 그럴까요? 그 이유를, 싸움이 전개되는 과정을 통해 알아보겠습니다.

여기 두 사람이 싸움을 시작합니다. 싸움에는 싸움꾼만 있지 않습니다. 모든 싸움에는 반드시 구경꾼이 있기 마련입니다. 수나 영향력에서 구경꾼은 싸움의 당사자보다 우위에 있습니다. 게다가 그들은 끝까지 중립적인 태도를 취하지도 않습니다. 싸움이 만들어 내는 자극과 흥분은 쉽게 구경꾼에게 전달됩니다. 구경꾼은 싸움꾼만큼이나 중요합니다. 왜냐하면 싸움의 결과를 결정하는 것은 대부분 구경꾼의 몫이기 때문입니다.

갈등도 마찬가지입니다. 갈등이 촉발하는 자극과 흥분은 군중에게 전달됩니다. 이것이 토트넘에서 벌어진 사건이 영국 전체의 폭동으로 확산된 이유입니다. 즉, 수배 중인 조직 폭력배 검거 과정에서 발생한 우발적 사건으로 시작해, 먼저 총을 쏘지 않았다는 경찰의 거짓말과 과잉 대응 등의 문제가 하나둘 폭로되면서, 이 사건을 둘러싼 갈등이 "이 지역 소수 민족 주민들에 대한 경찰의 차별적 대우 및 이 지역의 높은 실업률과 정부의 공공서비스 지출 감축"에 대한 분노와 항의로 확산되었던 것입니다. 그리고 이것은 모든 정치의 기본적인 양상이며, 오늘의 주제이기도 합니다.

갈등, 싸움. 참으로 부정적인 말입니다. 우리가 생각하는 이상적인 민주주의 정치와는 대척점에 서있는 말처럼 느껴지기도 합니다. 이런 말들이 민주주의와 어떤 관련이 있을까요? 우리는 흔히 정치는 조화로워야 한다고 이해합니다.

하지만 르네상스 시대 이탈리아의 정치철학자 니콜로 마키아벨리 Niccolò Machiavelli는 인간 사회에서 갈등은 필연적이라고 보았습니다. 그런 갈등을 조절하고 해결하는 것이 정치라고 생각했습니다.

미국의 정치학자 샤츠슈나이더는 한발 더 나아가 갈등을 '민주주의의 엔진'으로 보았습니다. 이 책에서 설명하는 갈등 이론은 바로 샤츠슈나이더의 이론을 기반으로 하고 있습니다. 자, 이제 갈등에 대해 알아보겠습니다.

갈등의 해결 방식

여기, 교실에서 작은 갈등이 발생했습니다. 어떻게 해결될까요? 보통은 학생들 사이의 권력관계로 해결됩니다. 학생들 사이의 서열, 그 가장 높은 곳에 위치한 힘센 학생이 해결의 주체가 되는 것입니다. 이런 갈등 해결 방식을 '사적 해결'이라고 합니다.

그렇다면 '공적 해결'은 어떤 것일까요? 폭행을 당한 학생이 선생님에게 알리는 것입니다. 그 순간 해결 주체는 더 이상 힘센 학생이 아니라 선생님이 됩니다. 이처럼 정부나 정치권이 나서서 사회적 갈등을 해결하는 것, 이것이 바로 공적인 해결 방식입니다.

개인 간의 갈등은 언제나 불평등하기 마련입니다. 힘이 센 사람은 당연히 사적으로 갈등을 해결하고 싶어 합니다. 외부의 개입이 없는 한, 강자인 자신이 갈등의 결과를 결정할 수 있기 때문이죠. 결국 공적 권위에 도움을 요청하는 사람들은 강자가 아니라 약자입니다. 갈등을 공적으로 해결하려 하고, 자신의 갈등에 더 많은 사람을 끌어들이고자 하는 사람은 약자입니다.

데이비드 아더매니 David Adamany | 전 템플 대학 총장

"많은 사람들이 어려움에 처하게 되는 문제에는 정부가 개입합니다. 또한 양자 간에 힘의 차이가 너무 클 경우, 약자는 자신의 의견을 표출하기 어려우므로 정부가 개입하게 됩니다. 약자들도 동등한 목소리를 내

고 싶어 하기 때문에 정부에 도움을 청합니다."

미국의 해리 트루먼Harry Truman 대통령이 집권하고 있을 때의 일입
니다. 제2차 세계대전이 끝나고 노동조합은 자신들의 몫을 요구하기
시작했습니다. 기업은 전쟁 특수를 누렸지만 노동자들은 임금을 올려
받지 못했습니다. 미국자동차노조UAW의 제너럴모터스 사 노조 위원
장이었던 월터 루서Walter P. Reuther는 노사 협상에서 임금이 인상되어
야 하는 이유를 이렇게 주장했습니다.

"우리가 미국의 부를 제대로 배분받지 못한다면 이 회사는 문을 닫을
수도 있다!"

이 말은 기업이 자신들의 수익을 노동자들에게 나누어주어야 노동
자들도 기업의 생산품을 구매할 수 있다는 사실을 지적한 것입니다.
당시 루서의 주장에 대해 사측의 입장은 이러했습니다.

제너럴모터스 당신의 주장은 사회주의적인 것 아닌가.
루서 국가의 부를 공정하고 공평하게 나누기 위해 싸우는 것이 사회주
의라면, 나는 기꺼이 사회주의자가 되겠다.
제너럴모터스 그렇다면 법정에 가야 한다.
루서 기꺼이 법정에 가겠다.

노조의 요구는 상당한 반향을 일으켰습니다. 회사 측도 가만히 있

노조 위원장
월터 루서

"노동자들은 파이에서
더 많은 조각을 가지겠다고 싸우는 게 아니다.
그 파이를 더 크게 만들기 위해 싸우는 것이다."

— 월터 루서

제너럴모터스 대표
찰스 윌슨

지만은 않았습니다. 그들은 자신들의 입장을 담은 광고를 주요 신문에 게재했습니다.

1946년 노동조합은 단체 행동에 나섰습니다. 자동차·철강·전기 산업의 근로자들이 파업에 들어갔습니다. 상황이 이렇게 되자 정부가 나설 수밖에 없었습니다. 트루먼 대통령은 조사위원회를 구성해 사실 관계를 확인하도록 지시했습니다. 조사 결과, 위원회가 내린 결론은 회사가 임금의 33퍼센트를 인상해 줘야 한다는 것이었습니다. 사측은 마지못해 정부의 요구를 받아들이지 않을 수 없었습니다. 이것은 정부가 사적 갈등에 개입해 공적으로 해결한 대표적인 사례입니다.

"미국의 기업들은 자유로운 경쟁을 기반으로 해야 하는가, 아니면 사회주의처럼 모든 활동을 통제받고 규제받아야 하는가? …… 미국은 중요한 기로에 서있다! 우리는 미국 기업들이 스스로 운명을 개척할 수 있도록 자유를 보장해 주어야 한다. 그렇게 하지 않으면 미국 기업들의 초석이 되었던 경영의 책임은 정부 관료들이나 기관, 노조에 넘어갈 것이다."

(제너럴모터스가 1945년 12월 30일자 『헤럴드 저널』(Herald Journal)에 게재한 광고.)

"우리가 미국의 부를 제대로 배분받지 못한다면

이 회사는 문을 닫을 수도 있다!"

제너럴모터스를 상대로 파업 중인 미국자동차노조 노동자들.

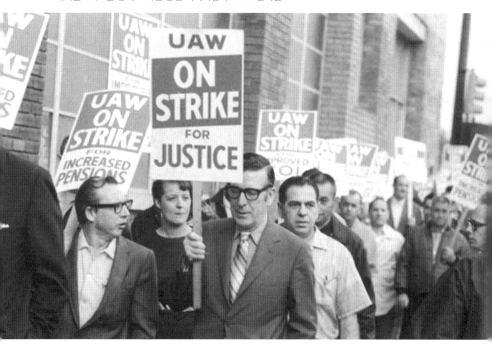

2-03

갈등과 선거

어떤 정치체제는 갈등을 배제하려고 합니다. 바로 권위주의 체제입니다. 권위주의하에서 사람들은 갈등 상황에 가담했다가 처벌받을 것이 두려워 아예 개입하지 않습니다. 이런 상황이 반복되는 권위주의 체제에서 갈등은 철저히 배제됩니다.

샹탈 무페 Chantal Mouffe | 웨스트민스터 대학 교수

"사회가 기능하기 위해서는 질서가 필요합니다. 그렇지 않으면 토머스 홉스가 말했듯이 '만인에 대한 만인의 투쟁' 상태가 되어 버리기 때문이죠. 모든 것이 갈등 상태에 있으면 사회는 존재할 수 없습니다.

사회를 구축하는 방법에는 두 가지가 있습니다. 첫째, 권위주의적 질서를 만드는 것입니다. 이때 갈등은 인정받지 못하며 억압당합니다.

그러나 갈등의 존재를 인정하면서 질서를 구축하는 또 다른 방법이 있습니다. 바로 민주주의적 질서를 만드는 것입니다. 민주적 제도를 통해 갈등은 표출될 수 있지만 내전으로 이어지지는 않습니다. 다시 말해, 갈등의 존재를 인정하는 민주주의 체제에서 가장 중요한 것은 어떻게 하면 내전이 발발하지 않게 하면서 동시에 갈등을 해결할 수 있느냐입니다."

이처럼 민주주의는 갈등을 사회화·제도화하는 과정입니다. 민주적 절차로 구성된 정당 정부가 해야 하는 일이 바로 갈등을 드러내고 해결하는 것입니다. 그렇다면 민주주의 사회, 다시 말해 오늘날과 같은 대의 민주주의 사회에서 갈등이 가장 잘 드러나는 순간은 언제일까요? 바로 선거입니다. 이제 갈등의 분화구인 선거의 공간으로 들어가 보겠습니다.

선거, 흔히 대의 민주주의의 꽃이라고들 이야기합니다. 선거 과정을 통해 사회의 갈등이 표출되고, 선거 결과를 통해 평화롭게 해결되기 때문입니다. 하지만 선거가 항상 어떤 사회적 갈등을 중심으로 움직이는 것은 아닙니다. 매력적이거나 인지도가 높은 인물이 등장할 경우, 유권자들은 그 인물을 중심으로 움직이기도 합니다. 이것은 심리학 연구 결과에서도 확인할 수 있습니다.

사회 심리학자 로버트 자이언스Robert B. Zajonc의 연구에 따르면, 사진을 보는 횟수가 많아질수록 호감도 또한 높아지는 것으로 나타났습

노출 빈도에 따른 호감도

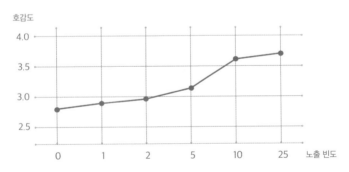

출처: Robert B. Zajonc, *The Attitudinal Effects of Mere Exposure* (Institute for Social Research, University of Michigan, 1968), 〈그림 5〉.

선거는 누가 더 탁월한가, 혹은 누가 더 도드라져
보이는가를 두고 경쟁하는 속성을 갖고 있습니다.
결국 인지도가 높은 유명한 사람이나,
인지도를 높일 수 있을 만큼 재력이 있는 사람이
유리할 수밖에 없습니다.

2016년 미국 대통령선거 당시 공화당 후보로 출마했던 도널드 트럼프(Donald Trump).

니다. 자극에 많이 노출될수록 그 자극을 준 대상에 대해 좋은 평가를 내린다는 것입니다. 선거에서도 마찬가지입니다. 인지도가 높은 후보자가 좋은 평가를 받는 것은 사람들의 이런 심리 때문입니다. 선거는 누가 더 탁월한가, 혹은 누가 더 도드라져 보이는가를 두고 경쟁하는 속성을 갖고 있습니다. 결국 인지도가 높은 유명한 사람이나, 인지도를 높일 수 있을 만큼 재력이 있는 사람이 유리할 수밖에 없습니다. '선출하다'라는 뜻의 'elect', 그리고 '소수 정예'를 뜻하는 'elite'라는 단어의 어원이 같은 까닭도 여기에 있습니다.[11]

eligo → electum → elect (선출하다) → elite (선출된 사람, 정예, 엘리트)

버나드 마넹 | 뉴욕 대학 교수

"선거에서 우리는 잘 알려진 사람을 선택하기 마련이므로, 선거에 나가는 사람도 자신을 알리는 것이 중요하다는 것, 그렇기 때문에 선거는 어느 정도 편향성을 갖는다는 것을 이해해야 합니다. 즉, 선거에서 우리는 이름이 알려진, 유명한 사람을 뽑는다는 것입니다. 그것이 엘리트elite와 선거election의 연결 고리입니다."

선거에서, 누가 더 뛰어난 인물인가를 놓고 경쟁하는 상황이 되면 시민들에게 중요한 갈등은 사라지게 됩니다. 이는 자신의 갈등이 공적으로 해결되기를 원하는 시민들의 바람과는 배치되는 것입니다.

그래서 등장한 것이 바로 정당입니다. 시민들은 더 이상 인지도가 높은 명망가에게 투표하는 것이 아니라, 어떤 정치적 색깔을 갖고 있는 정당에 투표하게 됩니다. 정당은 시민들이 갖고 있는 갈등 가운데 특정한 갈등을 선택해, 이를 선거에 적극 활용합니다. 그러면서 갈등은 선거의 주역이 되는 것입니다.

애덤 쉐보르스키 | 뉴욕 대학 교수

"우리는 갈등을 피할 수 없는 세상에서 살고 있습니다. 소득재분배에 관한 경제적 갈등, 종교적 갈등, 인종 갈등, 지역 갈등 같은 것들은 커다란 갈등입니다. 정당들은 경쟁 구도를 만들고 갈등을 조직합니다. 각 정당이 대중의 각기 다른 요구 사항을 대변하기 때문에 갈등이 생겨납니다. 이 갈등은 사람들의 투표를 통해 해결됩니다. 민주주의는 오직 정당을 통해서만 실현될 수 있습니다."

정당은 선거 과정에서 갈등을 표출하기도 하지만 축소하기도 합니다. 무수히 많은 잠재된 갈등 가운데 어떤 갈등이 지배적인 위치를 차지하느냐에 선거의 성패가 달려 있기 때문입니다.

여기 원이 있습니다. 이 원은 유권자 전체를 의미합니다. 이 원을 가르는 선분 AB와 CD는 잠재된 수많은 갈등 가운데 두 개의 갈등을 나타냅니다. 선거에서는 원을 가르는 선분처럼 대표 갈등만 남고 다른 갈등은 수면 아래로 가라앉게 됩니다.

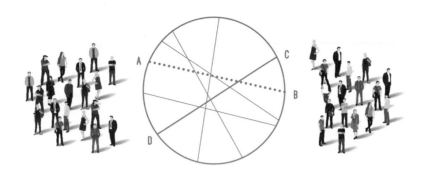

　현대사회에는 수많은 갈등이 있지만, 오직 몇 개의 갈등만 드러납니다. 갈등의 수를 줄이는 일은 민주주의에서 정당이 수행하는 핵심적인 기능 가운데 하나입니다.

데이비드 아더매니 | 전 템플 대학 총장

"우리는 다양한 갈등을 마주하고 있고, 의료·외교·경제에 대해 다양한 의견을 가질 수 있습니다. 그러나 모든 갈등을 해결할 수 있는 것이 아니기 때문에 자신의 견해와 가장 비슷한 정당을 선택하는 것입니다. 따라서 정당 중심적 투표는 2년 혹은 4년에 한 번 투표소에 갈 때, 자신이 완벽히 좋아할 수는 없더라도 가장 선호하는, 정당에서 내놓은 정책 묶음을 선택할 수 있도록 해줍니다. 우리는 모든 주제에 대해 투표할 수 없고 하나의 묶음 상품을 구매하는 것입니다. 각 정당에서 묶음 상품을 내놓으면 그중에서 가장 마음에 드는 것을 고르는 것입니다. 민주주의에서 갈등은 필연적이고, 정당은 선거에서 승리하기 위해 갈등을 적극적으로 활용합니다."

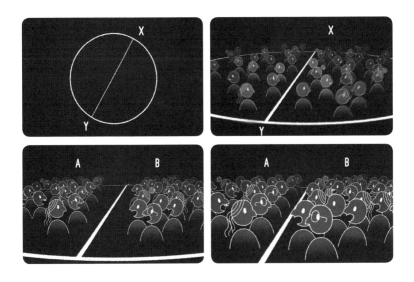

두 정당이 갈등 XY로 유권자를 나눈다고 가정해 봅시다. A진영을 대표하는 정당이 진영 내 사람들을 동원할수록 B진영에 있는 사람들도 자신을 대표하는 정당을 중심으로 모여듭니다.

갈등은 사람들을 분열시키는 동시에 통합합니다. 통합 과정은 분열 과정만큼이나 갈등에 필수적입니다. 갈등은 발전하면 할수록 격렬해지고, 갈등이 격렬해질수록 상호 적대적인 두 진영의 내적 통합은 더욱 강화됩니다.

갈등을 통제할 수 있는 가장 강력한 수단은 갈등 그 자체입니다. 갈등이라는 요소가 선거에서 차지하는 비중을 잘 알고 있는 정당들은, 다수파가 되기 위해 적극적으로 갈등을 이용합니다. 더 나아가, 기존의 갈등을 새로운 갈등으로 대체하기도 합니다. 일명 '갈등의 치환'입니다. 민주주의 정치에서 자주 등장하지요.

· 현대 민주주의에서 '갈등'은 왜 중요한가요?

나의 문제의식은 사회가 항상 분열되어 있다는 전제에서 출발합니다. 갈등은 언제나 존재하고 종류도 다양합니다. 그중에서 적대 antagonism는 해결할 수 없는 형태의 갈등입니다. 마주 앉아서 협상을 한다고 해서 해결책을 찾을 수 있는 게 아니라는 얘기죠. 이처럼 합리적인 해결책을 찾을 수 없는 적대가 존재하기 때문에 사회가 분열되어 있다고 보는 것입니다.

그러나 사회가 기능하려면 질서가 필요합니다. 그렇지 않으면 토머스 홉스가 말했듯이 '만인에 대한 만인의 투쟁' 상태가 되어 버리기 때문이죠. 모든 것이 갈등상태에 있으면 사회는 존재할 수 없습니다.

사회를 구축하는 방법에는 두 가지가 있습니다. 첫째, 권위주의적 질서를 만드는 것입니다. 이때 갈등은 인정되지 못하며 억압당합니다.

그러나 갈등의 존재를 인정하면서 질서를 구축하는 또 다른 방법이 있습니다. 바로 민주주의 질서를 만드는 것입니다. 민주적 제도를 통해 갈등은 표출될 수 있지만 내전으로 이어지지는 않습니다. 다시 말해, 갈등의 존재를 인정하는 민주주의 체제에서 가장 중요한 것은 어떻게 하면 내전이 발발하지 않도록 하면서 동시에 갈등을 해결할 수 있느냐입니다. 이것이 내가 말하는 민주주의의 '경합적 agonistic 모델'입니다.

적대적 갈등 상황에서는 상대방은 친구 아니면 무찔러야 할 적이며, 결국 내전으로 이어질 수 있으므로 민주 사회의 기반이 될 수 없지만, 경합적 갈등에서는 상대편을 적이 아닌 반대자로 간주합니다. 서로 간의 갈등을 이성적으로 해결할 방식이 없다는 것을 알지만, 그래도 반대자의 요구를 합당한 것으로 인정해 주는 것이죠. 상대방의 관점과 그 관점을 견지할 권리를 인정해 주는 한편, 갈등상태를 다룰 방식을 찾는 것이 제가 말하는 경합적 민주주의의 핵심입니다.

의회나 선거처럼 일시적인 갈등을 중재할 수 있는 민주적 기관이 존재한다는 사실도 물론 중요합니다. 즉 갈등은, 서로 합의할 수 없다는 것을 알지만 그래도 그 상황을 인정하는 자세를 뜻합니다. 그리고 반대 의견을 가진 사람이 선거를 통해 선출된다면, 그 사람의 관점에 동의하지는 않아도 단기간 동안은 그가 현직에서 활동한다는 사실을 인정해 줘야 합니다. 이런 민주주의의 경합적 모델이 현대 민주주의의 특징이라는 사실을 이해하는 것이 매우 중요합니다.

2-04

갈등의 치환,
선거의 전략

미시시피 주 네쇼바 카운티Neshoba County.

1980년 8월 3일 오후 5시, 미국 공화당 대통령 후보로 선출된 로널드 레이건Ronald Reagan은 첫 번째 공식적인 선거 유세 장소로 이곳을 방문했습니다. 왜 그랬을까요?

네쇼바 카운티는 아픈 역사를 간직한 곳입니다. 1964년 미시시피 주에서 흑인 유권자 등록 운동을 하던 시민운동가 세 명이 백인 우월주의 단체인 케이케이케이KKK단에 무참하게 살해된 곳이기 때문입니다.

이 현장을 방문한 레이건 후보는 의미심장한 연설을 합니다.

"나는 주州의 권리를 믿습니다. 그리고 나는 오늘날 우리가 헌법을 따르지 않는 연방 정부에 권력을 맡김으로써 정부(주 정부와 연방 정부 간)의 균형을 왜곡시켰다고 믿습니다."

레이건 후보가 말한 '주의 권리'는 남부에서는 인종차별적인 의미

MICHAEL W. SCHWERNER
NOV. 6, 1939
JUN. 21, 1964

JAMES E. CHANEY
MAY 30, 1943
JUN. 21, 1964

ANDREW GOODMAN
NOV. 23, 1943
JUN. 21, 1964

IN MEMORY OF

(위) 1964년 흑인 유권자 등록 운동을 하다가 백인 우월주의 단체 케이케이케이에 희생된 민권운동가 세 사람(마이클 슈워너, 제임스 체니, 앤드류 굿맨)의 기념비. 이 사건은 앨런 파커 감독의 영화 〈미시시피 버닝〉을 통해 우리에게도 잘 알려져 있다. (아래) 1980년 로널드 레이건의 선거 유세.

로 해석됩니다. 미국 남북전쟁 당시 남부 측이 전쟁에 나섰던 명분이 바로 '주의 권리'였습니다. 남부의 모든 주는, 자치권에 따라 노예제도를 유지시킬 권리를 가진다는 것이 당시 남부 측의 주장이었습니다. 즉 인종차별주의를 암시하는 발언이 바로 '주의 권리'였던 것입니다.

그렇다면 레이건 후보는 왜 하필이면 흑인 유권자 등록 운동을 하다가 시민운동가 세 명이 살해당한 장소에 와서 이런 이야기를 했던 것일까요? 그 답의 실마리를 찾으려면 대공황이 시작된 1929년 미국으로 거슬러 올라가야 합니다.

대공황으로 피폐한 3년을 보낸 미국 시민들은 1932년 대통령 선거를 맞이하게 됩니다. 당시 민주당 후보는 프랭클린 루스벨트Franklin Roosevelt. 그는 경제 불황에 대한 해결책으로 뉴딜New Deal을 주창했습니다. 정부의 적극적인 역할을 강조한 뉴딜 정책은 남부의 백인 세력과 북부의 노동 계층을 하나로 묶었습니다. 이른바 '뉴딜 연합'이었습니다. 이것은 미국의 정치 지형을 바꿔 놓았습니다. 남북전쟁 이후 민주당은 남부 백인들의 이해를 대변하며, 남부 자치권을 주장하던 정당이었습니다. 하지만 뉴딜 연합 이후, 민주당은 '남부 백인들의 정당'에서 '가난한 사람들의 정당'으로 탈바꿈합니다. 그 결과, 민주당은 다수파 정당이 되어 1960년대까지 정치적 지배력을 유지할 수 있었습니다.

그런데 1964년 민주당의 린든 존슨Lyndon Johnson 대통령이 뉴딜 연합의 해체를 가져온 법안을 통과시킵니다. 바로 '민권법'Civil Rights Act, 1964과 '투표권법'Voting Rights Act of 1965이었습니다. 남북전쟁 이후 주의 자치권이라는 명분으로 유보되어 왔던 남부 흑인의 인권과 투표권

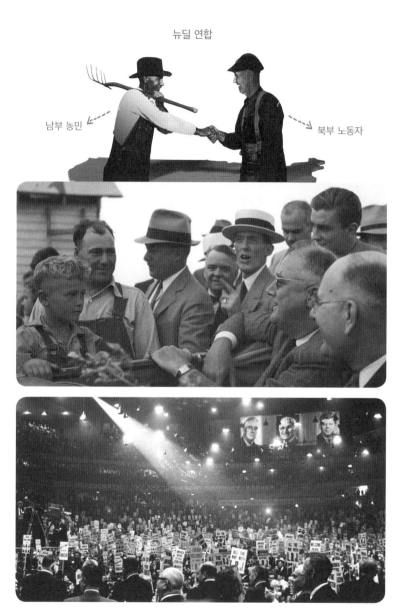

뉴딜 연합

남부 농민

북부 노동자

1932년 프랭클린 루스벨트의 선거 유세 현장.

(위) 백인 우월주의를 내세웠던 미국나치당 지지자가 민권법에 반대하는 표어를 들고 시위하고 있다.
(아래) 공화당 후보였던 리처드 닉슨.

을 보장해 주는 법. 이 법안들이 통과되자 남부 백인들은 마음이 흔들렸습니다. 민주당이 남부를 배신했다고 생각한 것입니다. 당시 앨라배마 주지사였던 조지 월러스George Corley Wallace, Jr.는 민주당을 탈당해 '민권법 반대와 주의 권리 수호'를 위한 아메리카 독립당을 창당해 대통령 후보로 나섰습니다.

이때 공화당은 전략적 선택을 감행합니다. 바로 '남벌 전략'southern strategy입니다. 이 전략의 핵심은, 남북전쟁 이후 전통적으로 민주당을 지지해 왔던 남부 백인들을 공화당 지지자로 끌어들이는 것이었습니다. 뉴딜 연합의 3분 1을 차지하는 남부 지역을 자신들의 편으로 만든다면 공화당은 다시 다수파가 될 수 있으리라는 것이 그들의 계산이었습니다.

데이비드 시어스David O. Sears
| 캘리포니아 대학 로스앤젤레스 캠퍼스(UCLA) 교수

"리처드 닉슨과 공화당은 시민권 문제에 있어 자신들이 보수적이며, 남부 백인들에게 공감하고 있다는 이미지를 주고자 했습니다. 그들은 남부 백인들이 민권법을 지지하는 민주당에 환멸을 느꼈다고 생각했으며, 전통적으로 민주당에 투표해 온 이들을 공화당 지지자로 돌려세울 수 있으리라 판단했습니다. 그것이 남벌 전략입니다."

이런 전략에 따라 남부를 집중적으로 공략한 사람이 바로 로널드 레이건이었습니다. 첫 유세 장소로 네쇼바 카운티를 방문해 남부의 자치권을 지지하는 발언을 한 것도 이런 남벌 전략의 일환이었던 것입니다.

데이비드 시어스 | 캘리포니아 대학 로스앤젤레스 캠퍼스 교수

"사람들의 투표 행위에 가장 큰 영향을 미치는 것은 '정당이 자신이 속해 있는 집단의 정체성과 얼마나 일치하는가'입니다. 민주당은 스스로 흑인 집단과 동일시했고, 그 결과 백인들이 인종에 대해 전통적으로 가지고 있던 관점에 반하게 되었습니다. 나는 레이건이 네쇼바 카운티에서 연설할 때 바로 그 점을 노렸다고 생각합니다."

레이건은 또한 복지 갈등을 인종 갈등으로 바꿔 놓았습니다. 그는 유세에서 복지가 무임승차를 낳는다며 한 여성을 거론했습니다. 바로 '시카고에서 캐딜락을 모는 복지의 여왕'입니다.

"시카고에 사는 한 여성이 있습니다. 그녀는 80개의 이름, 30개의 주소, 그리고 12개의 사회보장 카드를 갖고 있습니다. 또한 그녀는 이미 사망한 남편 4명의 보훈 연금까지 받고 있습니다. 그녀는 메디케이드 Medicaid와 푸드 스탬프 혜택을 받고 있으며, 각기 다른 이름으로 중복해서 복지 혜택을 받고 있습니다. 그녀의 연간 현금 소득은 15만 달러에 이르지만 세금은 단 한 푼도 내지 않습니다."[12]

"사람들의 투표 행위에 가장 큰 영향을 미치는 것은
'정당이 자신이 속해 있는 집단의 정체성과
얼마나 일치하는가'입니다."

선거 유세 중인 로널드 레이건.

논란이 되었던 '시카고에 사는 복지의 여왕'은
사실은 흑인이 아니었습니다.
린다 테일러라는 이름의 백인 여성이었습니다.

레이건의 이 발언은 당시 엄청나게 회자되었고 사람들의 머릿속에 각인되었습니다. 그런데 당시의 유권자들, 특히 남부 백인들에게 '시카고에 사는 복지의 여왕'은 자신이 낸 세금으로 무위도식하는 흑인 여성으로 받아들여졌습니다. 자신이 낸 세금을 흑인들이 부당하게 갈취하고 있다고 느끼게 된 것입니다.

데이비드 시어스 | 캘리포니아 대학 로스앤젤레스 캠퍼스 교수

"레이건은 인종차별주의자로 낙인찍히고 싶지는 않았습니다. 그래서 흑인이라는 말 대신 '복지의 여왕'이라는 말을 사용했습니다. 일하지 않고 복지로 먹고살며 사생아를 키우는 흑인 여성을 떠올리기란 어렵지 않았으니까요. 이를 '개 호루라기 정치'dog-whistle politics라고 하죠. 개 호루라기 소리는 개에게는 들리지만 인간에게는 들리지 않습니다. 흑인이라고 말하지 않아도 '복지의 여왕'이라는 말의 숨은 뜻을 모든 보수 유권자들은 알아듣는 거죠."

하지만 논란이 되었던 '시카고에 사는 복지의 여왕'은 사실 그 실체가 매우 불분명했습니다. 일부 사람들은 다양한 복지 관련 사기 혐의로 체포된 린다 테일러Lynda Taylor가 바로 복지의 여왕이라 지적하기도 하지만, 그녀는 흑인이 아니라 백인이었습니다.

1980년 대선에서 로널드 레이건은 남부에서 완승합니다. 앞서 1976년 대통령 선거에서는 남부 13개 주 가운데 12개 주가 민주당의 지미 카터Jimmy Carter 후보를 선택했지만, 1980년에는 남부 13개

남부 주의 하원 의석 수

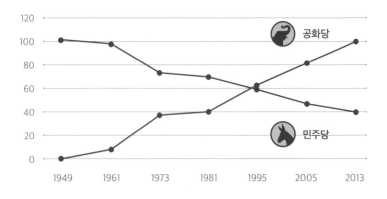

남부 11개 주: 사우스캐롤라이나, 미시시피, 플로리다, 앨라배마, 조지아, 루이지애나, 텍사스, 버지니아, 아칸소, 테네시, 노스캐롤라이나.

출처: Ornstein, Mann, Malbin, Rugg and Wakeman, Mann "Vital Statisics on Congress"(2014/04/07).

주 가운데 12개 주가 공화당의 레이건 후보를 지지했습니다. 그 후 공화당은 남부에 대한 지배력을 강화하기 위해 선거에서 기독교 원리주의를 적극 활용합니다.

공화당은 가족의 가치를 강조하면서, 낙태 반대, 동성애 금지, 학교 내 기도 허용 등을 정치적 이슈로 부각시켰습니다. 이것은 보수적인 남부 백인들로 하여금 공화당에 대한 정당 일체감을 더욱 강하게 느끼도록 만들었습니다.

데이비드 시어스 | 캘리포니아 대학 로스앤젤레스 캠퍼스 교수

"'복음주의적 프로테스탄트'라고 불리는 사람들은 모든 주요 인구 집단 가운데 공화당을 가장 적극적으로 지지하는 사람들입니다. 그들은 특히 '**바이블 벨트**'Bible Belt*라고 부르는 남부 지역에서 강력합니다. 복음주의적 남부 사람들이 공화당을 지지하는 것은 종교적 이유와 인종적 이유가 혼재되어 있습니다."

공화당의 남벌 전략은 대성공을 거두었습니다. 그 결과, 미국 남부 지역에서 민주당과 공화당의 위치는 완전히 역전되고 말았습니다.

* 바이블 벨트

1924년 미국 언론인 헨리 루이스 멘켄(H. L. Mencken)이 『시카고 데일리 트리뷴』에서 처음 사용한 말로, 프로테스탄트 복음주의 성향이 강한 남동부·중남부 지역을 일컫는다. 정치적·사회적·문화적으로 보수적이다.

1950년대와 1960년대에 미국 남부의 정당이 민주당이었다면, 1980년대, 1990년대 이후에는 공화당으로 바뀌게 됩니다. 이것은 미국 남부 11개 주의 정당별 연방 하원 의석수 변화를 보면 알 수 있습니다.

공화당에 대한 미국 남부의 지지는 갈수록 공고해졌습니다. 이를 바탕으로 다수파 정당이 된 공화당은 민주당의 뉴딜 정책을 폐기하고 신자유주의 정책을 적극 도입하게 됩니다.

다수파 정당이 되기 위해 정치 세력들은 갈등을 끊임없이 부각시킵니다. 그리고 갈등은 필연적으로 편을 가르고 적을 만들어 냅니다. 이 과정에서 사람들은 자신의 편, 자신의 집단을 선택합니다. 진화의 과정에서 터득한 집단 생존의 본능이 정치에서도 작용하는 것입니다.

조너선 하이트 Jonathan Haidt | 뉴욕 대학 교수

"우리는 수많은 집단행동을 합니다. 팀 스포츠, 종교 활동, 정치 활동, 이익 단체 활동······. 이것들이 우리의 정체성이 되기도 합니다. 인류는 매우 집단적인 동물입니다. 인류의 사회적인 본성에 대해 90퍼센트는 개인들 간의 경쟁으로 설명될 수 있죠. 하지만 10퍼센트는 우리 조상들이 하나의 집단으로서 다른 집단에 대항해 싸웠다는 사실에 기반하고 있습니다. 물론 사람들은 집단 안에서 서로 경쟁합니다. 하지만 진화의 측면에서 더 중요한 것은 집단 간 경쟁입니다. 우리는 살아남는 데 성공한 개체일 뿐만 아니라 그 집단의 계승자인 것입니다."

사람들은 집단 안에서 서로 경쟁합니다.
하지만 진화의 측면에서 더 중요한 것은 집단 간 경쟁입니다.
우리는 살아남는 데 성공한 개체일 뿐만 아니라
그 집단의 계승자인 것입니다.

그런데 집단 또한 이익을 추구하는 존재입니다. 따라서 추구하는
이익이 서로 맞부딪힐 때 집단 사이에서는 갈등이 발생합니다.

애덤 쉐보르스키 | 뉴욕 대학 교수

"정서sentiment라는 말이 있습니다. 비슷한 정서를 가진 사람들은 서로
연합하기 마련이므로 파벌이나 집단은 항상 존재합니다. 집단이 없다
면 의사 결정은 이루어질 수 없습니다. 집단적인 의사 결정을 위해서는
다수를 형성해야 합니다. 정당이 바로 그런 역할을 하죠."

하지만 미국의 예에서 볼 수 있듯이, 집단의 정체성이 반드시 그 집
단을 구성하는 사람들의 정서나 이익에 의해 결정되는 것은 아닙니
다. 그것은 정치 지도자나 정당이 갈등을 어떻게 구획하고, 시민들에
게 어떤 집단 정체성을 부여하느냐에 따라 달라집니다. 갈등의 치환
은 바로 이런 과정을 통해 완성됩니다.

그렇다면 한국의 경우는 어땠을까요?

1987년 대한민국은 민주화의 소용돌이 속에 있었습니다. 6월 항쟁
과 대통령 직선제 쟁취, 뒤이어 벌어진 7~8월 노동자 대투쟁. 당시 한
국 사회에서는 민주주의와 반민주주의 간의 갈등이 핵심 갈등이었습
니다.

그런데 그해 말에 치러진 대통령 선거, 다음 해 4월 국회의원 총선

거를 거치면서 갈등의 양상이 변하기 시작했습니다. 네 명의 정치 지도자를 중심으로 한 4당 체제의 지역 구도가 나타난 것입니다.

그리고 3년 뒤, 민주정의당, 통일민주당, 신민주공화당 등 세 당이 합당해 민주자유당을 창당했습니다. 그러면서 지역 구도는 다시 한 번 변화를 맞게 됩니다. 호남 대 비호남으로 지역 분할 구도가 재편된 것입니다. 그 결과 경상도를 중심으로 한 다수파 지배 구도가 만들어졌습니다. 그리고 민주 대 반민주라는 갈등은 호남 대 비호남이라는

갈등으로 치환됩니다. 이제 비호남은 내부 분열만 없다면 완벽한 다수파를 장악할 수 있게 되었습니다.

박상훈 | 정치발전소 학교장

"한국의 지역 갈등은, 민주주의를 둘러싼 갈등 때문에 만들어지고 동원되고 조작된 측면이 강하다고 볼 수 있습니다. 그 당시 민주주의의 확대와 사회경제적 변화를 바라지 않는 사람들의 입장에서는 그런 변화를 요구하는 유권자를 지역별로 분열시킬 필요가 있었기 때문에, 민주화의 기점에서 능동적으로 선택한 정치 갈등이라고 볼 수 있습니다."

그렇다면 이런 극단적이고 작위적인 지역 분할 구도는 오래 지속되었을까요?

박상훈 | 정치발전소 학교장

중요한 갈등이 들어와 정치적 경쟁의 구도를 결정짓게 되면 그 구도는 꽤 오래가지만, 중요한 갈등이 드러나지 않도록 하기 위해 만들어진 갈등 구도는 오래 가지 못한다는 점을 생각해야 합니다. 1990년 3당 합당을 통해 거의 70퍼센트를 훨씬 넘는, 즉 개헌 선을 훨씬 넘는 다수파 연합이 만들어졌지만, 이 다수파 연합은 지속되지 못했습니다.

3당 합당을 통해 민주자유당은 개헌 의석수를 넘는 거대 정당으로 떠올랐지만, 1992년 총선에서 과반 의석을 확보하지 못하면서 참패를 겪었습니다.

3당 합당 직후 의석수 (1990년)

민주당 기타
8석 3석

평화민주당
70석

민주자유당
218석

14대 총선 직후 (1992년)

기타
22석

국민당
31석

민주당
97석

민주자유당
149석

1990년 3당 합당 발표 후 사진 기자들에게 자세를 취하고 있는 김영삼, 노태우, 김종필.

· 갈등과 정당은 어떤 관계가 있나요?

민주주의 제도가 처음 수립되었을 당시, 정당에 대한 인식은 매우 부정적이었습니다. 정당이 금지된 나라들도 있었죠. 후보들이 개인적으로 출마하는 것만 허용되었습니다. 프랑스에서는 1905년까지 의회에서 정당을 언급할 수 없었어요. 미국에서 정당은 평화의 적, 분열의 원인으로 간주되었습니다. 모든 사람은 같은 뜻을 가지고 있으며, 공공의 이익을 추구한다는 생각이 일반적이었습니다. 그것이 사실이라면, 즉 우리 모두 같은 뜻을 가지고 있고 같은 것을 바란다면 정당은 필요하지 않겠지요. 정당이 존재하는 유일한 이유는, 전투적이며 야심찬 정치인들이 공공의 이익보다는 자신의 목표를 추

구하고 권력을 강화하려 하기 때문이라고들 생각했죠. 즉 정당은 무척 부정적인 현상이었습니다.

하지만 우리는 갈등을 피할 수 없는 세상에 살고 있습니다. 소득 재분배를 둘러싼 경제적 갈등, 종교적 갈등, 인종 갈등, 지역 갈등 같은 것들은 커다란 갈등입니다. 때로는 아주 작은 사안이 갈등으로 번지기도 하죠. 예를 들어 프랑스에서는 축구 국가 대표 팀이 경기에서 국가國歌를 불러야 하는지를 둘러싸고 열띤 논쟁이 벌어집니다. 프랑스 국가에 '시민들이여 무장하라'는 식의 꽤 호전적인 가사가 있기 때문이죠. 그래서 몇몇 축구 선수들은 국가를 부르지 않겠다고 선언하기도 했습니다.

그렇다면 갈등은 어떻게 해결할 수 있을까요? 유일한 방법은 사람들에게 자유를 보장하고 평화적으로 해결하는 것뿐입니다. 즉 선거를 통해 해결해야 합니다. 정당들은 경쟁의 구도를 만들고 갈등을 조직합니다. 각 정당이 대중의 각기 다른 요구 사항을 대변하기 때문에 갈등이 생겨납니다. 이 갈등은 사람들의 투표로 해결됩니다. 선거에서 패배한 쪽이, 비록 이번에는 졌지만 다음 번에도 기회가 있다고 생각할 때 갈등이 해결되는 것이죠. 반면, 패배자들이 선거에서 질 경우 감옥에 가거나 추방당할 것이라고 생각한다면, 싸우는 것 말고는 도리가 없습니다. 그래서 나는 투표가 갈등을 자유롭고 평화롭게 해결하는 중요한 메커니즘이라고 생각합니다.

2-05

계급 배반 투표는
일어나고 있는가?

현대 정치에서 오래된 논쟁거리가 있습니다. 바로 계급 배반 투표입니다. 가난한 사람들이 부자의 이익을 대변하는 정당에 투표하는 현상을 말하는 것입니다. 미국 공화당이 애국심과 가족의 가치를 내세워 백인 노동 계층의 지지를 이끌어 낸 것처럼, 어떤 사회적 이슈를 통해 기존의 갈등을 치환할 경우 언제든지 계급 배반 투표가 이뤄질 수 있다는 주장입니다. 이 주장대로라면 경제적인 이슈보다는 사회·문화적인 이슈가 중요하고, 정당들은 거기에 집중해야 하는 것입니다. 그렇다면 과연 계급 배반 투표는 발생했을까요?

2004년 미국 대통령 선거는 조지 W. 부시George W. Bush 대통령이 재임에 성공하는 것으로 끝이 났습니다. 그로부터 몇 달 뒤, 『뉴욕타임스』에 데이비드 브룩스David Brooks라는 정치 평론가가 독특한 대선 분석 기사 하나를 내보냈습니다. 공화당 후보였던 부시가 백인 노동 계층의 표를 민주당보다 23퍼센트포인트나 더 얻었다는 것이 이 기사의 내용이었습니다. 이른바 계급 배반 투표가 발생했다는 것입니다.

그런데 이 기사에는 오류가 있었습니다. 브룩스는 소득과 관계없이 대학 학위가 없는 모든 백인 유권자들을 '백인 노동 계층'으로 정의했는데, 2004년 당시 백인 유권자의 3분의 2가 대학 학위가 없었던 것입니다. 반면, 가구 소득 하위 3분의 1에 해당되는 백인 저소득층은 공화당보다 민주당을 4퍼센트포인트 더 많이 지지했습니다. 실제로는 계급 배반 투표가 발생하지 않았던 것입니다.

제이콥 해커 Jacob Hacker | 예일 대학 교수

"저소득층 미국인들은 민주당을 지지하는 경향을, 고소득층 미국인들은 공화당을 지지하는 경향을 보였습니다. 고소득층이 아님에도 불구하고 공화당을 지지하는 보수 유권자들이 있기는 합니다. 그들은 대부분 낙태나 동성 결혼 같은 사회적 이슈에 근거해 공화당을 지지하죠."

"조지 부시가 지난 선거에서 백인 노동 계층의 표를 23퍼센트포인트 더 얻었다." 2005년 4월 15일자 『뉴욕타임스』에 실린 데이비드 브룩스의 기사 중에서.

하지만 이처럼 자신이 속한 계급을 배반해 투표하는 유권자는 사람들이 생각하는 것만큼 많지 않습니다."

여기 1952년부터 2008년까지 미국 대통령 선거에서 백인의 소득 계층별 정당 투표 성향을 분석한 자료가 있습니다. 1952년부터 1972년까지는 저소득 집단과 고소득 집단의 지지 성향에는 큰 차이가 없었습니다. 하지만 1976년부터 민주당에 대한 지지가 저소득층에서 올라가고, 고소득층에서 떨어지는 것으로 나타났습니다.

다만 민주당에 대한 저소득층의 지지율이 평균 52퍼센트인 데 비해, 공화당에 대한 고소득층의 지지율은 평균 63퍼센트라는 점에서, 고소득층이 계층에 더 충실한 투표를 했다는 사실을 보여 줍니다. [13]

계층별 백인의 민주당 지지율(%)

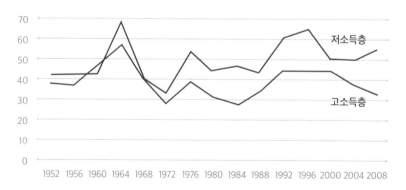

출처: 미시건 대학에서 수행한 '미국 선거 연구'(The American National Election Studies, NES)의 조사 자료(1952~2008년)를 바탕으로 래리 바텔스(Larry M. Bartels) 교수가 분석한 1차 자료.

제이콥 해커 | 예일 대학 교수

"대통령 선거의 경우 젊은 유권자들이나 소수자들이 투표에 적극적으로 참여하므로 투표율이 무척 높은 반면, 의회 선거에서는 상대적으로 투표율이 훨씬 낮습니다. 게다가 투표에 참여할 확률이 가장 높은 사람들은 나이가 많고 보수적이며 백인일 가능성이 높습니다. 이 투표율의 격차로 말미암아 공화당은 의회 선거에서 유리한 위치를 차지하게 됩니다. 또한 공화당이 선거구를 자신들에게 유리한 방식으로 잘 구획해 놓았기 때문에 의회 선거에서 유리한 것입니다. 이 두 가지는 어떻게 공화당 후보들이 생각보다 선거에서 좋은 성적을 거두어 왔는지를 설명합니다. 부유하지 않은 사람들, 소수자들, 젊은 유권자들이 민주당을 지지함에도 불구하고 말이죠."

폴 피어슨 Paul Pierson | 캘리포니아 대학 버클리 캠퍼스 교수

"미국에서 저소득층이 주로 민주당을, 고소득층이 주로 공화당을 지지하는 것은 사실입니다. 공화당 정책은 고소득층에 유리하니까요. 하지만 공화당 정책으로 이익을 보는 계층은 극소수의 최상위층입니다. 여기서 궁금한 것은 어째서 많은 사람들이 자신들의 이익을 대변하지 않는 공화당 후보에게 표를 던지느냐 하는 것입니다. 계층 갈등 외의 다른 이슈들 때문일 수 있겠죠. 미국에서 중요한 쟁점인 동성 결혼이나 낙태 같은 사회적 이슈에 보수적인 입장을 갖고 있다거나, 정부가 소득

을 재분배하는 역할을 해서는 안 된다고 생각하기 때문일 수도 있어요. 또는 정책의 내용과 그것이 누구에게 이익을 가져다줄지에 대해 정보가 부족해서일 수도 있죠."

그런데 저소득층이 좌파 정당을 지지하고 고소득층이 우파 정당을 지지하는 것은 일반적인 현상일까요? 이를 알아보기 위해 재미있는 사실부터 확인해 보겠습니다.

표는 1920년대와 1940년대 후반, 그리고 2010년대 미국, 영국, 독일의 정당 구조입니다.

의석수는 시대에 따라 차이를 보이지만 좌-우 정당 구조는 1백 년 가까이 변함없이 지속되고 있습니다. 이것을 '동결freezing 테제'라고 부릅니다. 이 이론을 정립한 사람은 세이무어 마틴 립셋Seymour Martin Lipset과 스타인 로칸Stein Rokkan이라는 정치학자였습니다.

의석수로 본 미국, 영국, 독일의 정당 구조 14

	미국		영국		독일	
	민주당	공화당	노동당	보수당	사회민주당	기독교민주연합
1920년대 전후	191	237	142	344	103	65*
1945년 전후	243	190	393	210	136	117
2010년대 초	193	242	258	306	193	255

*기독교민주연합의 전신 독일인민당의 의석 반영

립셋과 로칸은 1967년에 공동 발표한 "균열 구조, 정당 체계, 유권자 정렬"Cleavage Structures, party systems, and voter alignments이라는 논문에서, "1960년대 정당 체계는 아주 적은 예외를 제외하면 1920년대의 균열 구조를 반영한다. 정당들은 대다수 유권자들보다 나이가 많다."라고 말했습니다.[15] 그들에 따르면 현재의 정당 체계는 1920년대에 그 뿌리를 두고 있습니다. 그렇다면 왜 하필 1920년대였을까요?

1920년대는 서유럽 국가들에서 보통선거권이 확대되던 시기였습니다. 가난한 노동자들이 이때부터 정치에 참여할 수 있게 되었습니다. 이렇게 되자, 고용주와 노동자 간의 계층 갈등이 본격화되기 시작했습니다. 이 두 계층 사이의 사회경제적 균열 속에서 좌우 정당 구조가 생겨나 정착되었고, 이것이 지금까지도 지속되고 있는 것입니다.

제이콥 해커 | 예일 대학 교수

"정치적 갈등에서는 경제문제에 대한 좌-우 분열이 압도적인 비중을 차지하죠. 때로는 안보 문제, 낙태나 동성 결혼과 같은 사회문제들도 대두되겠지만 결국 큰 이슈는 세금에 관한 것, 그리고 노동자들을 더 도와야 하는지, 소외 계층을 위해 지난 60년간 구축해 온 사회적 안전망을 유지해야 하는지 등에 관한 논쟁이죠. 결국 가장 큰 논쟁은 20세기 중반에 립셋과 로칸이 날카롭게 지적했듯이 경제문제에 관한 좌-우의 논쟁입니다."

고용주와 노동자 사이의 사회경제적 균열 속에서
좌우 정당 구조가 생겨나 정착되었고,
이것이 지금까지도 지속되고 있는 것입니다.

물론 모든 대립이 경제적인 문제를 둘러싸고 일어난 것만은 아닙니다. 1960년대에는 '탈물질주의' 흐름이 등장했습니다. 경제적인 가치, 즉 물질적인 가치보다는 반反권위, 환경, 개인의 자유 같은 문화적(탈물질주의) 가치를 중시하는 젊은 유권자층이 이런 흐름을 주도해 나갔습니다. 유럽의 68혁명과 미국의 반전 운동 같은 신좌파 운동이 여기에 해당됩니다.

이런 탈물질주의 흐름은 유럽에서는 녹색당으로 나타났고, 미국에서는 민주당 내에 새로운 진보파를 형성했습니다. 이들은 기존의 노동조합과는 다른 시민 단체를 중심으로 성 소수자 인권 문제, 환경 문제, 동물 보호, 소비자 보호 운동에 집중했습니다.

제이콥 해커 | 예일 대학 교수

"몇몇 저명한 정치학자들은 탈물질주의 시대가 도래했다고 주장합니다. 미국의 노동자 계층과 상류층 사이에 계층 갈등이 더 이상 존재하지 않으며, 물질적 가치나 불평등 문제보다는 사회적 문제나 삶의 질과 관련된 이슈에 관심이 더 많아지고 있다는 주장이죠. 하지만 미국에서 이 주장을 뒷받침할 만한 근거는 아주 적습니다. 사실 두 계층 간의 분열은 지난 세대를 거치면서 더 심화되었죠. 부유층이 아닌 유권자들이 민주당을 지지하는 경향이 강화되었으며, 마찬가지로 부유층은 공화당을 지지할 가능성이 더 높아졌습니다. 주변을 둘러보세요. 우리는 그동안 경제에 대해 논쟁해 왔고 불평등에 대한 논쟁은 점점 많아지고 있습니다. 그래서 저는 미국과 여타 부유한 민주국가들에서 좌우 균열의

(위) 독일 녹색당의 초창기 모습. 플래카드에 생태적 가치, 사회적 가치, 풀뿌리 민주주의, 비폭력주의라는 4대 원칙이 써 있다.

(아래) 1970년 6월 뉴욕시에서 열린 첫 번째 게이 퍼레이드의 모습. 게이 인권 단체인 게이해방전선(Gay Liberation Front)의 플래카드가 보인다.

정치 구조는 아주 견고하게 존재하고 있다고 생각합니다."

한때는 최대 15퍼센트의 유권자들이 탈물질주의 가치에 반응했습니다. 하지만 기존 정당들이 탈물질주의 이슈를 수용하면서 독일을 제외하고는 독자 정당으로 생존하지 못했습니다. 결국 기존의 좌우 정당 구조는 변함없이 지속되고 있는 것입니다.

폴 피어슨 | 캘리포니아 대학 버클리 캠퍼스 교수

"모든 민주 사회에는 정부의 역할에 대한 근본적인 논쟁이 존재합니다. 정부가 노동자들이나 빈곤층을 위한 정책을 추진해야 하느냐에 대한 논쟁이지요. 이 문제에 대한 좌-우 분열은 어느 민주 사회에나 존재합니다. 민주주의가 처음 만들어질 당시의 근본 이슈들은 대부분 오늘날까지도 근본 이슈로 남아 있습니다. 가장 강력하고 지속적인 갈등은 가진 자와 가지지 못한 자 사이의 갈등이 아닐까요? 현대 민주주의 국가들은 과거보다 훨씬 부유해졌으며 대부분의 사람들이 어느 정도 생활 수준을 유지하고 있지만, 훨씬 더 많은 것을 가진 사람들은 여전히 존재하니까요. 대부분의 민주주의 국가에서 근본적인 균열은 여전히 이것입니다."

우리는 자본주의사회에 살고 있습니다. 현대 민주주의도 자본주의를 기반으로 움직입니다. 그래서 현대 민주주의의 갈등 가운데 사회경제적 균열만큼 크고 지속적인 갈등 요인은 없습니다. 그렇다면 한

국의 갈등 구도는 여전히 지역 갈등 그대로일까요?

2012년 12월 19일. 대한민국에서 18대 대통령 선거가 있었습니다. 역대 선거 가운데 가장 많은 시민들이 투표했을 만큼 치열한 선거였습니다. 이 선거에서는 지역 구도보다 뚜렷한 갈등이 새롭게 등장했습니다. 바로 세대 균열 현상입니다. 대통령 선거 당일 8만 명을 대상으로 한 출구 조사에서 세대별 투표 성향이 극명하게 드러났습니다.

먼저 지역별로 살펴보면, 대구·경북 지역은 50~60대에 비해 20~30대에서 박근혜 후보 득표율이 다소 낮지만 모든 세대층에서 박근혜 후보 지지 성향을 보였고, 호남 지역에서는 거꾸로 20~30대에 비해 60대에서 문재인 후보의 득표율이 다소 낮지만 모든 세대층에서 문재인 후보 지지 성향을 보였습니다. 하지만 다른 지역들에서는

2012년 대통령 선거 유세.

지역별 세대별 투표 성향 (대한민국 18대 대선 출구조사, 2012년)

호남 지역 문재인 득표율

60대 이상	86%
50대	91%
40대	93%
30대	94%
20대	95%

대구·경북 지역 박근혜 득표율

60대 이상	95%
50대	89%
40대	78%
30대	66%
20대	67%

호남·대구·경북 이외 지역 투표 성향

	20~30대	50~60대
박근혜	34	73
문재인	**65**	**27**

전국 세대별 투표 성향

	20대 초	20대 후	30대 초	30대 후	40대 초	40대 후	50대 초	50대 후	60대	70세 이상
박근혜	35	32	33	34	33	54	54	**71**	**71**	**74**
문재인	**65**	**68**	**67**	**66**	**67**	46	46	29	29	26

출처: 2012년 방송3사 미디어리서치 출구조사

세대별로 지지 성향의 차이가 명확했습니다.

그런데 이들의 투표 성향을 좀 더 자세히 들여다보면, 세대별로 완전히 3등분 되어 있다는 것을 알 수 있습니다. 반면, 이렇게 나뉜 세 그룹 안에서는 오차 범위를 벗어나지 않을 정도로 일치된 투표 성향을 보이고 있습니다. 그 이유는 무엇일까요?

대한민국은 1987년 민주화와 1997년 IMF 외환위기를 겪으면서 노동조건의 변화에 따라 세 시기로 나뉩니다. 바로 ① 1987년 민주화 이전 시기, ② 1987년 민주화 이후부터 1997년 IMF 외환위기 이전 시기, ③ 1997년 IMF 외환위기 이후 시기입니다.

김유선 | 한국사회노동연구소 선임 연구위원

"우리나라 노동자들의 노동조건은 대체로 세 시기로 구분할 수 있을 것 같습니다. 1970년대, 80년대 권위주의 시대에는 평생직장과 병영적 노동 통제로 대표되듯이 상당히 억압적인 분위기에서 직장 생활을 했습니다."

첫 번째 시기는 임금 통제와 평생직장으로 대표되던 권위주의 시대입니다. 2012년 대통령 선거 당시 50대 후반 이상의 세대가 바로 이 시기에 직장 생활을 한 사람들이었습니다.

김유선 | 한국사회노동연구소 선임 연구위원

"1987년에는 6월 항쟁과 노동자 대투쟁이 있었습니다. 당시에는 사회 전체적으로 민주화되고 노동운동도 활성화되고 경제도 고도성장하면서 분배 구조가 개선되던 시기였습니다."

이 두 번째 시기에 사회생활을 시작한 사람들이, 바로 2012년 대선 당시 40대 후반에서 50대 초반에 해당되던 사람들입니다.

김유선 | 한국사회노동연구소 선임 연구위원

"1997년에 IMF 외환위기를 맞았습니다. 그 후 비정규직이 증가했고 많은 직장인들이 고용 불안 속에서 일한 지 20년 가까이 흘렀습니다."

비정규직이 늘어나고 고용 불안이 지속되는 신자유주의 시대. 이때 사회에 진출한 사람들은 2012년 대선 당시 20대 초반에서 40대 초반까지 넓게 퍼져 있습니다. 이렇듯, 한국 사회에서는 언제 노동 시장에 들어왔느냐에 따라 세대별로 완전히 다른 경험을 갖고 있는 것입니다.

2012년 대선에서 나타난 세대별 투표 성향의 차이. 이것은 놀랍게도 노동자들이 겪은 시대 경험과 일치합니다. 대선에서 새롭게 등장한 세대 균열에는 각기 다른 노동시장을 살아 온 사람들의 모습이 숨겨져 있는 것입니다.

1987년
민주화

세대별 사회경제적 특징

연령대	20대 초	20대 후	30대 초	30대 후	40대 초	40대 후	50대 초	50대 후	60대	70세 이상
사회경제적 특징	신자유주의 시대 취직					민주화 시대 취직		권위주의 시대 취직		
노동조건	저임금 고용 불안정					임금 인상 평생직장		임금 통제 평생직장		

1997년
외환위기

2016년 4월 국회의원 총선거에서도 이런 세대 구도가 두드러졌습니다. 누구도 예상하지 못했던 야권의 압승, 그것은 신자유주의 시대를 겪고 있는 유권자가 보내는 경고의 메시지였습니다.

2012년 대선과 2016년 총선에서 나타난 새로운 세대 균열. 이 균열은 자본주의가 낳은 사회경제적 균열이 한국 정치에서도 핵심 갈등으로 자리 잡고 있음을 보여 줍니다. 이제 한국 정치의 지형도 좌-우 정당 구도로 재편될 것입니다. 다만, 정치 지도자나 정당들이 새로운 갈등을 얼마나 적극적으로 호명하는가에 따라, 시민들의 결집 정도가 달라질 뿐입니다.

박상훈 | 정치발전소 학교장

"시민들은 우리 사회의 중대 문제가 무엇인지 이미 몸으로 절감하고 있고, 그것이 해결되지 않을 때 어떤 고통을 받는지도 잘 알고 있습니다. 다만 문제가 되는 것은 시민들의 요구를 정치적으로 수용하는 역할입니다. 민주주의에서 그것은 정당과 정치 지도자들이 감당해 주어야 합니다."

인간 사회에서 자원 배분을 둘러싼 갈등은 늘 존재합니다. 하지만 갈등을 해결하는 방법에 대해 구성원의 의견이 모두 같을 수는 없습니다.

흔히 갈등이나 집단 이기주의는 나쁜 것으로 여겨집니다. 하지만 민주주의는 전문가들이 알아서 갈등을 해결해 주는 정치체제가 아닙니다. 시민들 스스로 갈등 해결의 주체가 되어 이익 결사체를 만들고, 서로 갈등하면서 균형점을 찾아 가는 것, 이것이 민주주의 본연의 모습입니다.

그래서 갈등은 민주주의를 움직이는 엔진인 것입니다.

갈등은 제거될 수 없고
오직 조정될 수밖에 없다

미국의 건국 철학을 담고 있는 민주주의의 고전,
『연방주의자 논설』.

그중에서도 백미는 제임스 매디슨이 쓴 '10번.'

이 논설의 핵심 주제는 바로
'파벌과 갈등의 폐단을 막고 통제하는 것.'

제임스 매디슨은 갈등의 원인을 제거하는 방법에는
두 가지가 있다고 말합니다.

하나는 자유를 없애는 것이고,
다른 하나는 모두 같은 생각을 갖게 하는 것.

그러나 이것은 불가능한 일.
그는 갈등은 제거될 수 없고
오직 조정될 수밖에 없다고 말합니다.

그리고 이렇게 주장합니다.

"(갈등의) 범위를 넓히면
다양한 정파와 이익이 수용될 것이다.
그렇게 되면 다수파가
다른 시민의 권리를 침해하려는 시도가 줄어들 것이다."

민주주의가
우선한다

3

불평등의 늪

스물여덟 살의 영국 청년, 데미안 섀넌Damien Shannon. 개방대학교를 졸업한 그는 2012년 옥스퍼드 대학 석사과정에 합격했습니다. 그런데 어느 날 학교로부터 뜻밖의 연락이 왔습니다. 합격을 취소한다는 통보였습니다. 더욱 황당한 것은 그 이유였습니다.

"학칙은 알고 있었지만 두 가지를 생각했어요. 첫째, 학교로부터 장학금을 받을 수 있으리라 기대했습니다. 둘째, 학교가 정말 학칙을 적용할 것이라고는 생각하지 않았어요. 상식적인 사람이라면 이런 말도 안 되는 학칙을 적용할 리가 없으니까요."

옥스퍼드 대학 당국이 문제 삼은 것은 2만1천 파운드에 달하는 학비와 생활비 조달 능력. 데미안 섀넌은 이를 감당할 능력을 증명하지 못했다는 이유로 합격이 취소된 것입니다. 그는 아르바이트를 해서 해결하겠다고 했지만 대학은 그의 말을 인정하지 않았습니다. 오직 대출 증명서와 부모의 재산만을 심사 대상으로 삼았습니다.

홀어머니 밑에서 자란 섀넌 씨, 당시 그의 어머니는 파산 상태였습니다. 결국 합격이 취소되자 그는 옥스퍼드 대학을 고소했습니다.

"대학 측에서는 경제적 능력이 어느 정도 되지 않으면 중간에 학업을 그만둘 수밖에 없을 거라고 주장했어요. 하지만 재판이 진행되면서 그들이 합격 요건으로 책정한 금액의 산출 근거가 공개되었는데 그중 일부는 완전 엉터리였습니다. 학교 측은 거주비로 7천5백 파운드가 필요하다고 했어요. 그래서 저는 거주비로 3천 파운드면 되는데 왜 7천5백 파운드나 책정했는지 물었죠. 그랬더니 내가 얼마를 지출할지는 상관없고, 무조건 7천5백 파운드가 있어야 한다더군요. 말도 안 되죠."

그의 이야기는 언론의 주목을 받았습니다. 스스로 변론하면서 외롭게 싸운 끝에 재판에서 승소한 섀넌 씨. 그는 마침내 옥스퍼드 대학원을 졸업하고 지금은 변호사로 활동하고 있습니다.

"학교 측은 재판 과정에서 학칙이 25년 동안 지켜졌다는 사실을 고백했어요. 그리고 의회에서 조사한 통계에 따르면 한 해에 약 1천 명이 옥스퍼드 대학으로부터 합격 통보를 받고도 돈이 부족하다는 이유로 입학을 거부당했다고 합니다."

부모의 재산이 많아야 자식이 대학에 합격할 수 있는 시대. 이것은 단지 영국만의 문제는 아닙니다. 미국 명문 대학에 재학 중인 학생들의 소득 계층 분포를 살펴보면 이런 경향이 두드러집니다.

미국에서 주립 대학 이상의 명문 대학 전체 재학생 가운데 최하위 계층은 3퍼센트, 중하위 계층은 6퍼센트로, 하위 계층에 속하는 학생은 10퍼센트도 되지 않았습니다. 반면, 중상위 계층은 17퍼센트, 최상위 계층은 전체의 74퍼센트에 달했습니다.

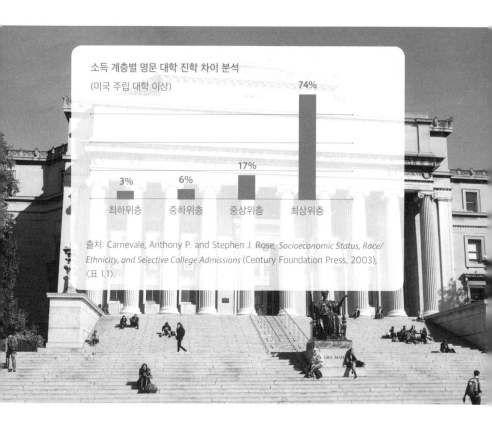

소득 계층별 명문 대학 진학 차이 분석
(미국 주립 대학 이상)

74%

17%

3%　　　6%

최하위층　　중하위층　　중상위층　　최상위층

출처: Carnevale, Anthony P. and Stephen J. Rose, *Socioeconomic Status, Race/Ethnicity, and Selective College Admissions* (Century Foundation Press, 2003), 〈표 1.1〉.

이런 현상은 한국에서도 비슷하게 나타났습니다. 2009년 한국의 상위 대학교 진학생을 분석한 연구에 따르면, 소득 하위 50퍼센트 계층 학생은 14퍼센트에 불과했으며, 64퍼센트로 가장 큰 비중을 차지한 학생들은 최상위층 출신이었습니다.[16]

소득 계층별 상위 대학 진학 차이 분석

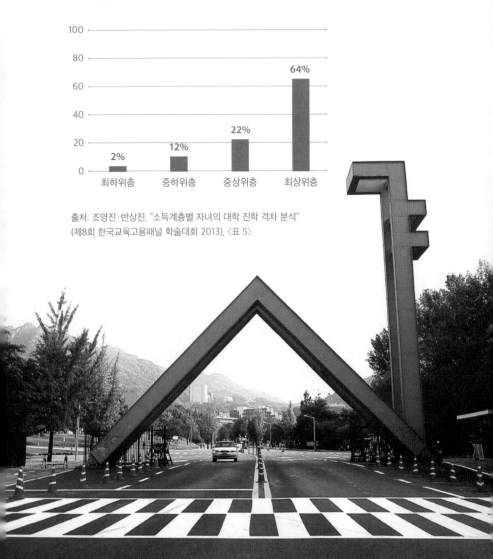

출처: 조영진·반상진, "소득계층별 자녀의 대학 진학 격차 분석"
(제8회 한국교육고용패널 학술대회 2013), 〈표 5〉.

부모의 재산이 대학 진학을 결정하는 것, 이는 세계적인 현상입니다. 그런데 교육 불평등, 특히 대학 진학에서 발생하는 불평등은 심각한 사회적 문제를 낳습니다. 바로 미래로 가는 사다리를 끊어 버린다는 것입니다. 그것도 학생들 스스로 말입니다.

　미국에서 가장 가난한 도시, 필라델피아. 그중에서도 북부 지역은 가난한 흑인들이 몰려 사는 전형적인 빈민가입니다. 이곳에 위치한 스트로베리 고등학교. 이 학교 재학생들은 대부분 최하위 계층의 자녀들입니다. 가난과 폭력에 고스란히 노출된 학생들. 학교도 그들에게는 울타리가 되어 주지 못합니다. 2012년 필라델피아 교육청이 발표한 통계자료에 의하면, 이 학교 학생들 중 졸업장을 따는 사람은 42퍼센트에 불과합니다. 재학생의 절반이 5년 안에 학교를 그만둡니다. 이 학교 교장인 린다 웨이먼은 이렇게 말했습니다.

"교육을 통해 인생을 바꿀 수 있다고 아이들에게 늘 이야기해요. 하지만 아주 많은 아이들이 대대로 가난했던 집안 출신이기 때문에 자신이 어떤 가능성을 갖고 있는지를 깨닫기 어렵습니다."

　멜리사 커니Melissa Kearney와 필립 레빈Phillip Levine의 최근 연구에 따르면 최하위층과 중산층의 소득 격차가 큰 지역일수록 저소득층 남학생들이 학교를 중퇴할 가능성이 높다고 합니다.[17] 교육이 더 이상 가난한 학생들에게 미래에 대한 희망을 주지 못하기 때문입니다.

　가난에서 벗어나, 좀 더 나은 미래로 갈 수 있게 해주는 사다리 역할을 하는 것이 바로 교육입니다. 그래서 저소득층 학생들에게 교육은 무엇보다 중요합니다. 하지만 현실은 정반대입니다. 2013년 미국 정부에서 발표한 통계자료에 따르면 소득이 불평등한 주일수록 학생들의 자퇴율이 높은 것으로 나타났습니다.

이런 현상이 문제가 되는 것은, 이것이 단순히 교육 문제에서 그치지 않기 때문입니다. 교육 불평등은 다시 소득 불평등으로 이어지면서 끝없는 악순환이 반복될 수 있습니다.

셰리 버먼 Sheri Berman | 컬럼비아 대학 교수

"불평등이 심화되는 것, 그리고 그보다 훨씬 위험한, 계층 간 이동이 줄어드는 것에 정부가 제대로 대처하지 못한다고 느끼게 되면, 사람들은 민주 정부가 효과적이지 않으며 대응력이 떨어진다고 판단해 다른 정치적 대안을 찾기 시작합니다. 불평등 자체도 문제가 되지만 계층 이동성이 저하될 경우, 다시 말해 불평등이 고착되어 세대가 바뀌어도 사회경제적인 지위가 바뀌지 않을 때, 정말 심각한 사회·정치적 문제가 발생하기 시작합니다. 사회적 분열이 심해지며, 계층 간 왕래는 줄어드는 대신 다른 계층에 대한 적대감이 강해지죠. 이는 민주주의 사회에 심각한 위협을 초래할 수 있습니다."

"교육을 통해 인생을 바꿀 수 있다고
아이들에게 늘 이야기해요. 하지만 아주 많은 아이들이
대대로 가난했던 집안 출신이기 때문에
자신이 어떤 가능성을 갖고 있는지를 깨닫기 어렵습니다."

3-02

부의 불평등은
어디에서 비롯되었는가?

억만장자들의 순위를 체계적으로 조사해 온 미국의 경제 잡지『포브스』. 이 잡지는 온갖 종류의 자료를 모아 '포브스 400'이라는 이름으로, 미국의 400대 부자가 누구인지, 그 명단을 발표해 왔습니다. 그런데 2015년 '포브스 400'에 선정된 부자들의 재산을 모두 합쳐 보면 그 규모는 2조2,900억 달러에 달했습니다. 이것은 미국 소득수준 하위 60퍼센트에 해당하는 사람들 1억8천만 명의 재산을 합친 것보다 많은 액수입니다.

최상위 부자 몇 명이 부를 독점하는 현상은 미국만의 일은 아닙니다. 전 세계적으로 범위를 넓혀 보면 더욱 심각합니다. 2015년 국제 빈민 구호 단체인 옥스팜Oxfam이 조사한 바에 따르면, 전 세계 상위 1퍼센트가 나머지 99퍼센트보다 많은 부를 갖고 있습니다. 특히 상위 62명의 재산은 하위 50퍼센트, 즉 세계 인구의 절반이 갖고 있는 재산과 맞먹는 규모라고 합니다.

미국 400대 부자의 재산(2조2,900억 달러) > 하위 1억8천만 명의 재산

전 세계 상위 1%의 부 > 나머지 99%의 부

상위 62명의 부 ≒ 하위 50%의 부(35억3천만 명)

불평등은 이제 세계적인 현상이 되었습니다. 왜 이런 일이 발생하는 것일까요? 이를 심층적으로 분석한 학자가 있습니다. 바로 토마 피케티입니다. 그는 인류 역사에서 자본 수익률과 경제성장률이 어떻게 변해 왔는지를 분석해 불평등의 원인을 찾았습니다.

먼저 세계 경제성장률(g)을 보겠습니다. 인류의 역사에서 경제성장률은 생각보다 높지 않았습니다.

서기 원년부터 1700년까지 그 오랜 기간 동안 인류의 경제 성장률은 불과 0.1퍼센트였습니다. 1700년부터 1820년까지는 0.5퍼센트, 1820년부터 1913년까지는 1.5퍼센트에 불과했습니다. 그런데 이후 1913년부터 2013년까지 1백 년 동안 경제 성장률은 3.0퍼센트로, 경제성장 그래프가 가파르게 상승했습니다. 하지만 인류의 역사를 돌아봤을 때, 20세기의 높은 경제성장률은 매우 예외적인 것이었습니다. 근대 이후 경제성장률이 높을 수 있었던 핵심 변인은 인구 증가였습니다. 앞으로 인구 증가가 둔화되면, 경제성장률은 1.5퍼센트에서 머물게 됩니다.[18]

토마 피케티 Thomas Piketty | 파리경제대학 교수

"20세기에 예외적인 경제성장이 가능했던 것은 인구가 아주 빠르게 증가했기 때문입니다. 인구 증가와 생산성 향상이 동시에 이루어지면 불평등이 완화됩니다. 그래서 인구 증가가 중요한 것입니다."

세계 경제성장률

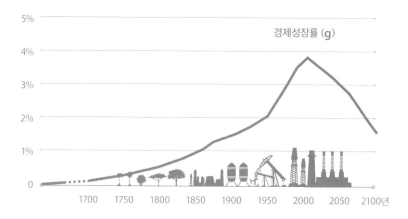

경제성장률 (g)

출처: 토마 피케티, 『21세기 자본』(글항아리, 2014), 〈도표 10.9〉.

백만장자 알렉산더 T. 스튜어트가 소유한 'A.T. 스튜어트 직물상회' 봉제 공장에서 제봉사들이 바느질을 하고 있다.

20세기 후반, 몇몇 동아시아 국가들은 경제성장률이 매우 높았습니다. 이는 후발 주자로서 선진 산업국가를 쫓아갈 때만 가능합니다. 하지만 기술력이 일정 수준에 다다르자, 이 나라들의 성장률도 감소하기 시작했습니다. 선진 산업국가들 또한 경기가 침체해 있다가 회복할 때에는 일시적으로 높은 성장률을 기록했지만 장기적으로는 낮은 성장률에서 벗어나지 못했습니다.

토마 피케티 | 파리경제대학 교수

"경제성장률이 연간 4~5퍼센트 정도가 되면 소득이 증가합니다. 특히 노동 소득이 증가합니다. 이 경우 아주 적은 부를 소유하고 있거나 부가 아예 없어도 부자가 될 가능성이 있습니다. 왜냐하면 경제성장률이 자본 수익률과 마찬가지로 높기 때문입니다. 하지만 1980년대부터 경제성장률은 이보다 훨씬 낮은 1~2퍼센트대로 떨어졌습니다."

반면 자본 수익률은 시대를 막론하고 항상 4~5퍼센트 수준을 유지해 왔습니다. 경제성장률이 0에 가까웠던 전통적인 농경 사회에서도 토지 수익률은 5퍼센트였습니다. 이는 오늘날의 부동산 수익률과 거의 비슷한 수준입니다.

자산을 가진 부자들은 19~20세기에는 식민지 경영과 부동산에, 20세기 후반에는 금융·에너지 분야에 자본을 투자했습니다. 이렇게 시대에 따라 투자처는 달라졌지만 평균 수익률은 항상 비슷한 수준이었습니다. 그렇다면 고대부터 지금까지 자본 수익률과 경제성장률의 변

동아시아 경제성장률 추이

14%

12%

10%

8%

6%

4%

2%

0

한국 홍콩 대만 싱가포르

1965   1970   1975   1980   1985   1990   1995   2000   2005   2010   2015년

출처: 세계은행 데이터베이스에서 아시아 4개국 경제성장률(1961~2015년) 통계를 활용해
5년치 추이로 정리.

동 추이를 함께 보겠습니다.

언제나 경제성장률보다 높았던 자본 수익률, 이런 현상은 미래에도 변함없을 것입니다. 2100년이 되면, 자본 수익률은 4퍼센트로 일정한 데 반해, 경제성장률은 인구 증가가 둔화됨에 따라 1.5퍼센트로 떨어질 것이라는 예측입니다.[19]

자본 수익률과 경제성장률의 격차가 벌어지면 불평등은 심해지고 계층 간 이동성은 줄어들게 됩니다. 경제성장률이 높으면 스스로 노동해서 소득을 벌고 저축하는 것이 중요하지만, 인구가 거의 증가하지 않고 경제성장이 정체되면 물려받은 재산의 영향력이 커지게 됩니다. 잘 사는 사람들은 더욱 잘 살고, 가난한 사람들은 늘 가난할 수밖에 없는 사회구조가 만들어지는 것이죠. 이는 곧 불평등이 고착화되는 사회를 의미합니다.

토마 피케티 | 파리경제대학 교수

"20세기의 높은 경제성장률을 경험하다 보니 우리는 이런 사실을 잊어버렸습니다. 하지만 미래에는 자본 수익률과 경제성장률 간의 격차 때문에 불평등이 심해지는 시대가 다시 찾아올 수 있습니다."

미국에서 불평등이 가장 심각했던 시기가 있었습니다.

1870년 남북 전쟁이 끝난 직후부터 1929년 대공황이 시작되던 때까지, 일명 '도금 시대'Gilded Age라고 불리던 시기입니다. 자본주의가 급속히 발전했지만 독점기업이 등장하고 부가 소수에게 집중되던

자본 수익률과 경제성장률의 변동 추이 (출처: 토마 피케티, 『21세기 자본』, 〈도표 10.9〉)

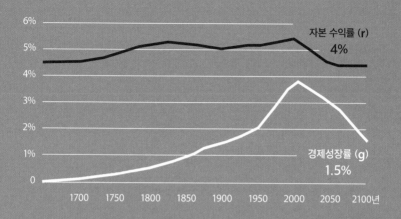

"인구가 거의 증가하지 않고
경제성장이 정체되면
물려받은 재산의 영향력이 커지게 됩니다.
잘 사는 사람들은 더욱 잘 살고,
가난한 사람들은 늘 가난할 수밖에 없는
사회구조가 만들어지는 것이죠."

— 토마 피케티

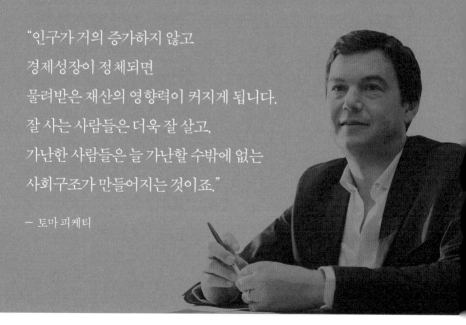

도금 시대 대표적 부호였던 밴더빌트 가의 별장 '더 브레이커스' 저택의 전경과 금으로 장식된 벽면.

이 시대를 상징하는 곳, 바로 뉴포트Newport입니다.

당시 대부호들은 앞다퉈서 이곳에 보다 크고 보다 화려한 여름 별장을 지었습니다. 이 가운데서도 가장 압도적인 규모를 자랑하는 곳이 바로 더 브레이커스The Breakers 저택입니다.

금으로 장식된 벽면과 가구들이 즐비한 이 대저택의 주인은, 해운업과 철도 사업으로 부를 축적한 코넬리어스 밴더빌트Cornelius Vanderbilt 2세였습니다. 그는 이 별장을 프랑스 궁전처럼 만들고 싶어 했습니다.

제이콥 해커 Jacob Hacker | 예일 대학 교수

"19세기 후반의 도금 시대는 1920년대로 순조롭게 이어졌습니다. 도금 시대는 엄청난 불평등의 시대였죠. 경제 피라미드의 맨 꼭대기에 가장 많은 부가 축적되었습니다. 록펠러John D. Rockefeller, 제이 굴드Jason Jay Gould, 밴더빌트 등이 금융·산업계를 지배했습니다. 록펠러는 미국 석유 시장의 90퍼센트를 소유하고 있었죠."

도금 시대는 부가 집중되는 독점자본의 시대였습니다. 최상위 1퍼센트가 국가 전체 부의 40퍼센트를 갖고 있던 시기, 돈이 정치를 지배하기 시작하면서, 미국은 금권정치로 물들어 갔고 지역주의도 팽배했습니다.

도금 시대 부의 독점 현상을 풍자한 그림.

제이콥 해커 | 예일 대학 교수

"도금 시대의 이야기는 우리에게 그 결과에 대해 경고해 줍니다. 상대적으로 민주적인 사회에서조차 과두제처럼 보이는 체제가 등장할 수 있습니다. 도금 시대가 그러했고 오늘날 미국 또한 점차 그런 모습으로 변해 가고 있습니다."

오늘날 신도금 시대의 등장이라 할 만큼, 폴 크루그먼을 비롯한 많은 전문가들은 현 사회의 불평등 수준이 19세기 후반만큼이나 심각하다고 말합니다. 부의 편중 현상이 극심해졌고 민주주의도 제대로 작동되지 않고 있다는 것입니다.

자본을 가진 사람들이 갈수록 부유해지고 그렇지 못한 사람들은 가난해지는 역사. 부의 불평등은 인류 역사에서 지속적으로 반복되던 운명이었습니다.

그런데 여기 운명의 굴레에서 벗어난 통계자료가 있습니다. 바로 세금을 징수한 후의 자본 수익률과 경제성장률 그래프입니다. 놀랍게도 20세기 중반부터 경제성장률이 자본 수익률을 추월했습니다. 가파른 경제성장, 그리고 자본에 부과된 세금 덕분이었습니다.

폴 크루그먼 Paul Krugman | 뉴욕시립대학 석좌교수

"조세제도를 개혁하는 것, 노동조합을 통해 일반 노동자들의 교섭력을

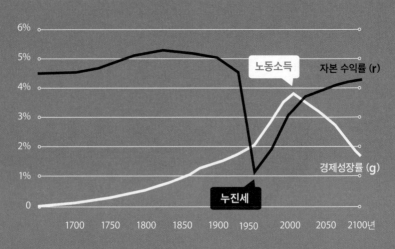

자본 수익률과 경제성장률의 변동 추이(세후) (출처: 토마 피케티, 『21세기 자본』, 〈도표 10.10〉)

노동소득

자본 수익률 (r)

경제성장률 (g)

누진세

"조세제도를 개혁하는 것,
노동조합을 통해 일반 노동자들의
교섭력을 강화하는 것 말고
불평등 문제를 해결할 수 있는
다른 방안이 존재한다고는
생각하지 않습니다."

—폴 크루그먼

강화하는 것 말고 불평등 문제를 해결할 수 있는 다른 방안이 존재한다고는 생각하지 않습니다. 세금을 통한 소득재분배, 노동조합을 통한 노동자들의 교섭력 강화만이 불평등을 해결할 수 있는 방법입니다."

자본 수익률과 경제성장률의 격차를 줄이는 방법은 두 가지가 있습니다. 하나는 자본이 벌어들인 수익에 누진세를 부과해 자본의 수익률을 떨어뜨리는 것입니다. 나머지 하나는 노동 소득을 늘려 경제성장률을 높이는 것입니다.

노엄 촘스키 Noam Chomsky | 매사추세츠 공과대학 교수

"엄청난 성장이 이루어졌던 1950~60년대를 보면, 생산성이 높아질 때 최저임금도 높아졌습니다. 하지만 이런 상관관계는 1970년대 후반에 사라졌어요. 이는 정책의 문제이지 경제적 법칙의 문제는 아닙니다. 경기 침체는 불평등의 심화와 연결되어 있습니다. 남성 노동자의 실질임금은 1960년대 후반 수준에 머물러 있습니다. 생산성은 훨씬 증가했지만요."

3-03

민주주의와
자본주의의 관계

소득 격차는 저절로 줄어들지 않습니다. 정부 정책에 따라 달라집니다. 그리고 정부 정책을 결정하는 것은 바로 민주주의의 힘입니다.

그런데 우리는 흔히 정치와 경제가 분리되어 있고, 민주주의와 자본주의가 별개라고 생각합니다. 과연 그럴까요? 이제 민주주의와 자본주의의 관계를 알아보겠습니다.

알베르토 알레시나 Alberto Alesina | 하버드 대학 교수

"자본주의는 수백만 명의 사람들을 가난에서 벗어나게 해주었습니다. 사망률을 줄였고, 아프리카도 20년 전보다는 좋아졌습니다. 인도나 중국은 말할 것도 없고요. 우리는 자본주의의 성공적인 부분도 기억해야 합니다."

자본주의는 경쟁을 전제로 합니다. 1원 1표, 돈을 더 많이 가진 사람이 의사 결정권을 갖게 되는 것이 바로 자본주의입니다.

이에 비해 민주주의는 평등을 전제로 합니다. 1인 1표, 누구나 동등하게 의사 결정에 참여합니다.

이렇듯 민주주의와 자본주의는 그 속성상, 의사 결정 방식에서 서로 긴장 관계에 있을 수밖에 없습니다.

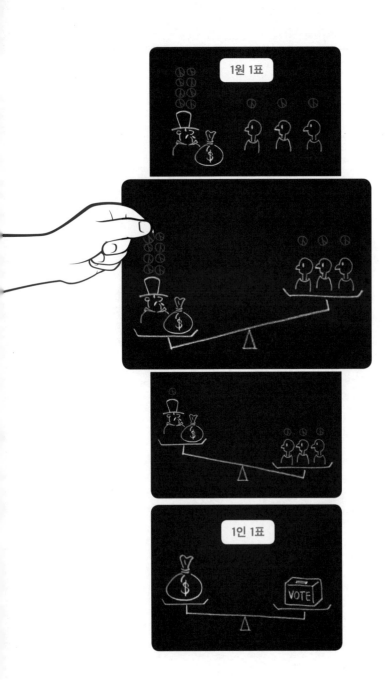

162

폴 피어슨 | 캘리포니아 대학 버클리 캠퍼스 교수

"민주주의와 자본주의가 공존하는 국가들에서는 항상 잠재적인 두 가지 우려가 존재해 왔습니다. 보수적인 사람들은 민주주의가 자본주의를 삼켜 버리지 않을까 우려합니다. 공화당의 젭 부시Jeb Bush는 유권자들이 민주당을 지지하는 것은 퍼주기 정책 때문이라고 말하기도 했죠. 이런 우려는 민주주의에 대한 가장 오래된 생각입니다. 가지지 못한 자들이 더 많은 것을 얻기 위해 민주주의를 이용하지 않을까 하는 것이죠. 반면, 좌파는 자본주의가 민주주의를 삼켜 버릴 것을 걱정합니다. 더 많은 부와 경제력을 소유한 몇몇 사람들이, 그 부와 경제력을 이용해 정치체제를 지배하지 않을까 우려하는 것이죠. 모두를 위한 정치체제가 아니라 그들만을 위한 정치체제를 만들기 위해서 말입니다."

불평등을 내재하고 있는 체제, 자본주의. 반면 민주주의는 평등을 중요한 가치로 내세웁니다. 따라서 양자의 원리는 서로 갈등할 수밖에 없습니다. 하지만 자본주의는 민주주의가 나타나고 자리 잡는 데 결정적인 역할을 하기도 했습니다.

토마스 마이어Thomas Meyer | 도르트문트 대학 교수

"자본주의는 초기에 사람들을 봉건사회와 예속으로부터 해방시켜 주

었습니다. 인간을 자유롭게 해주었는데, 이는 민주주의에 중요한 부분이었죠. 노동계급이 등장해 사회에서 다수를 차지했고, 이 사람들이 민주주의를 위해 싸웠습니다. 이처럼 자본주의는 민주주의 발전에 아주 중요한 역할을 했습니다."

중세 시대에 처음 등장한 자본주의는 16세기가 되면서, 새로운 경제체제로 자리 잡기 시작했습니다. 봉건 경제를 대신해 등장한 이 시기의 자본주의는 상업 자본주의로 불렸습니다. 이윤 창출의 중심이 상업이었기 때문입니다. 그 결과 사회구조에도 커다란 변화가 찾아왔습니다. 농민들이 지주에 예속되어 있던 봉건적 신분 구조가 무너진 것입니다.

19세기에 이르면 자본주의 형태는 다시 한 번 진화를 맞게 됩니다. 영국의 산업혁명과 더불어 산업이 중심이 된 자본주의가 탄생한 것입니다. 교육을 받지 못한 시골 농민들은 교육 받은 도시 노동자들로 바뀌었습니다. 그리고 이들의 등장은 민주주의를 앞당기는 결정적인 역할을 담당했습니다.

당시 노동자들은 참정권을 요구하면서 적극적으로 정치에 참여하기 시작했습니다. 19세기 말에는 선거권을 획득한 노동자들이 규제 받지 않은 자본주의에 대해 정치적 불만을 표출하기에 이릅니다.

이익만을 좇는 자본, 그로 인해 야기되는 경제 불평등에 대해 정부의 개입과 규제를 주창하고 나선 것입니다.

애덤 쉐보르스키 | 뉴욕 대학 교수

"시장은 자원과 소득을 분배하는 역할을 합니다. 정부도 분배하는 역할을 하죠. 그래서 이 두 시스템이 곧잘 충돌하는 것입니다. 만일 민주주의가 정말 잘 작동한다면 우리는 훨씬 많은 소득을 재분배할 수 있을 겁니다. 그리고 사회는 지금보다 훨씬 평등한 모습일 거예요."

3-04

자본주의의 황금기는
어떻게 가능했을까?

1943년 뉴욕 시

시장의 가치, 자본의 가치보다 민주주의의 가치를 더 중시하면 결과는 어떻게 될까요? 1870년부터 2010년까지 소득 대비 자본의 비율을 나타낸 그래프를 보면 이를 알 수 있습니다.

　이 그래프에서 유난히 소득 대비 자본의 비율이 낮았던 시기가 있습니다. 즉, 국민소득에서 자본이 차지하는 몫이 가장 적고 노동 소득의 비중은 가장 컸던 시기입니다. 바로 1940년부터 1980년까지였습니다.

　이 시기, 소득은 모든 계층에 골고루 분배되었습니다. 경제성장률도 인류 역사상 최고치인 평균 4퍼센트를 기록했습니다. 실업자도 거의 없는 완전고용 상태가 지속된 이 시기를, 우리는 '자본주의의 황금

소득 대비 자본의 비율 (출처: 토마 피케티, 『21세기 자본』 〈도표 5.8〉)

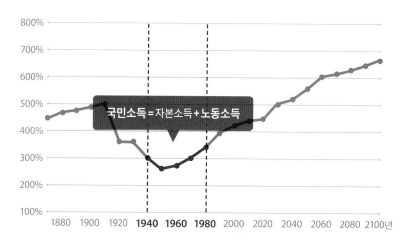

기'라고 부릅니다.

인류가 키워 낸 자본주의라는 나무에서 모두가 비교적 공평하게 그 열매를 따먹던 시기. 그렇다면 이 찬란한 자본주의의 황금기는 어떻게 가능했을까요? 역설적이게도 이 찬란했던 시절은 20세기 인류가 겪어야 했던 가장 참담했던 경험과 맞닿아 있습니다.

1945년 5월 7일, 독일이 항복하면서 유럽에서는 제2차 세계대전이 막을 내렸습니다. 그해 7월 5일, 영국에서는 총선이 있었습니다. 72퍼센트의 높은 투표율을 기록한 선거. 전문가들은 대부분 보수당의 승리를 예상했습니다. 제2차 세계대전을 승리로 이끈 전쟁 영웅, 윈스턴 처칠Winston Churchill이 보수당을 이끌고 있었기 때문입니다. 보수당의 승리는 너무나 당연해 보였습니다.

그러나 선거 결과는 의외였습니다. 클레멘트 애틀리Clement Attlee가 이끈 노동당이 압승을 거뒀던 것입니다. 최초로 독자적인 노동당 정부가 탄생한 순간이었습니다.

전쟁은 영국 국민들의 생각을 바꾸었습니다. 전쟁을 겪으면서, 정부가 자본주의를 효율적으로 관리할 수 있다는 사실을 깨닫게 된 것입니다. 이런 변화의 가장 큰 수혜자는 노동당이었습니다.

애틀리 노동당 정부는 복지 법안들을 신속하게 통과시킴으로써 개혁에 대한 국민들의 열망에 부응했습니다. 그 후 1951년부터 1964년까지 보수당이 다시 집권했지만 애틀리 노동당 정부의 개혁 입법을 거의 수정 없이 계승했습니다.

전쟁은 영국 국민들의 생각을 바꾸었습니다.

전쟁을 겪으면서,

정부가 자본주의를 효율적으로

관리할 수 있다는 사실을 깨닫게 된 것입니다.

이런 변화의 가장 큰 수혜자는 노동당이었습니다

1945년 처칠이 이끄는 보수당이 노동당에 압도적인 표차로 패배했음을 알리는 『뉴욕타임스』 1면.

"20세기 중반, 우리는 혼합경제라고 불리는 모델을 개발했습니다. 자본주의와 민주주의 사이에 일종의 결합이 이루어진 거죠. 이 모델에서 민주주의는 자본주의를 견제했으며, 정치적 권위를 갖는 정치적 절차를 통해 사안이 결정되었습니다. 이 모델은 전후 시기에 전성기를 누렸으며 정말 커다란 성공을 거두었습니다."

1948년 미국 대선에서도 비슷한 일이 벌어졌습니다. 대선 직후 『시카고 데일리 트리뷴』*Chicago Daily Tribune*은 개표가 끝나기도 전에 공화당 듀이Thomas Dewey 후보가 승리했음을 알리는 기사를 1면 머리기사로 내보냈습니다.

당시 민주당의 후보는 현직 대통령이었던 해리 트루먼. 하지만 대부분의 사람들은 선거에서 공화당이 압승할 것으로 내다봤습니다. 프랭클린 루스벨트부터 트루먼까지 16년간 민주당이 집권한 것에 대해 유권자들의 견제 심리가 발동할 것으로 예상한 것입니다. 하지만 트루먼은 대통령 선거를 뉴딜 정책에 대한 국민투표로 바꾸어 놓았습니다.

선거 당일, 유권자들은 트루먼을 선택했습니다. 미국 대통령 선거 역사상 가장 극적인 역전 드라마가 연출되었습니다. 선거인단 303 대 189, 트루먼이 승리했습니다. 민주당은 상원과 하원 선거에서도 모두 승리했습니다.

1948년 선거 결과가 발표된 후, 듀이 후보가 트루먼을 이겼다는 오보 머리기사를 들어 보이고 있는 해리 트루먼.

1948년 미국 대선에서 유권자들은 공화당의 집권으로 뉴딜 정책이 물거품이 될 것을 두려워했습니다. 대공황은 시장도 실패할 수 있다는 사실을 깨닫게 했고, 전쟁의 경험은 정부가 자본주의를 효과적으로 관리할 수 있다는 것을 가르쳐 주었습니다.

트루먼이 승리하면서 뉴딜 정책은 더욱 단단해졌습니다. 이후 1952년부터 1960년까지 공화당의 아이젠하워Dwight Eisenhower가 대통령 자리에 올랐지만 뉴딜 정책은 바뀌지 않았고 1970년대까지 이어졌습니다.

"노동조합은 우리 산업계에 성공적으로 자리 잡았다. 극소수의 보수 세력만이 노동조합을 파괴하고 남녀 노동자들이 각자의 판단에 따라 노조에 가입할 수 있는 권리를 빼앗을 추잡한 생각을 한다."

이 강경한 발언의 주인공은 바로 공화당 대통령, 아이젠하워였습니다.

미국 뉴욕 외곽, 롱아일랜드의 레빗 타운.

이곳은 전후 미국 사회의 풍요로움을 보여 주는 상징적인 마을입니다. 1959년 소련의 흐루시초프 서기장이 미국을 방문할 때, 아이젠하워 대통령이 가장 보여 주고 싶어 했던 곳이기도 합니다.

본래 감자밭이었던 이 지역은 1947년 주택 사업가 윌리엄 레빗 William Levitt에 의해 대규모 주택단지로 탈바꿈했습니다. 그는 수백만 명의 제대군인들이 고향으로 돌아오면, 주택 수요가 발생할 것이라고 예상했습니다. 그래서 조립식 주택을 대규모로 건설해 저렴하게 공급한 것입니다.

레빗 타운의 집안에는 세탁기, 냉장고, 에어컨 등이 가득 들어찼습니다. 집집마다 자동차도 1대씩 있었습니다. 이후 미국 전역에는 레빗 타운과 비슷한 주택단지들이 속속 들어섰습니다.

1966년부터 이곳에 살고 있는 베리 존슨 할머니는 당시를 이렇게 기억합니다.

"그때는 모든 것이 풍요로웠어요. 실업자도 없었고 경제적으로 번창하는 시기였으니까요. 서글퍼지네요. 레빗 타운은 모두가 하나라는 분위기였어요. 누군가 아파서 도움이 필요하면 모두들 발 벗고 나서서 서로 도왔죠. 정말 안전하고 좋은 시절이었어요."

롱아일랜드의 레빗 타운.

1945년에서 1975년까지 '미국식 라이프스타일'을 탄생시키며 전무후무한 고용 보장과 풍요로운 소비가 가능했던 환상적인 시절. 이처럼 풍요로웠던 자본주의 황금기는, 정부라는 권력이 막대한 자본의 힘을 제어해 주길 원했던 많은 시민들의 뜻에 따라 탄생할 수 있었습니다.

제2차 세계대전 이후 시민들은 견제 받지 않는 자본주의가 정치·사회·경제 모든 영역을 위협할 수 있다는 믿음을 널리 공유하고 있었습니다. 대공황을 경험한 시민들은 시장이 항상 효율적인 것은 아니라고 판단하게 되었고, 전쟁은 국가와 시장의 역할에 대한 생각을 완전히 뒤바꾸어 놓았습니다.

제2차 세계대전이 일어나기 전, 미국과 세계경제는 대공황의 여파 속에 있었습니다. 이런 상황을 해결하기 위해 미국 정부는 자본주의에 대한 관리와 규제를 강화해 나갔습니다. 뉴딜 정책으로 대표되는 이 경제정책을 추진한 사람은 바로 당시 미국 대통령이었던 프랭클린 루스벨트였습니다.

"한때 우리가 누렸던 정치적 평등은 경제적 불평등 앞에서 이제 무의미한 것이 되고 말았습니다. 소수의 사람들이 다른 사람들의 재산, 다른 사람들의 돈, 다른 사람들의 노동, 다른 사람들의 삶에 대한 통제권을 장악하고 있기 때문입니다. 이와 같은 경제적 폭정에 맞서기 위해 우리는 정부라는 조직화된 권력에 호소해야 합니다"(1936년, 프랭클린 루스벨트 대통령 재지명 수락 연설).

대공황을 경험한 시민들은
시장이 항상 효율적인 것은 아니라고 판단하게 되었고,
전쟁은 국가와 시장의 역할에 대한 생각을
완전히 뒤바꾸어 놓았습니다.

중서부 지역에서 파산한 농부들이 노숙인이나 실업자가 되곤 했다. 1936년 캘리포니아.
사진 : 도로시아 랭(Dorothea Lange)

"한때 우리가 누렸던 정치적 평등은 경제적 불평등 앞에서
이제 무의미한 것이 되고 말았습니다. 소수의 사람들이
다른 사람들의 재산, 다른 사람들의 돈, 다른 사람들의 노동,
다른 사람들의 삶에 대한 통제권을 장악하고 있기 때문입니다."

— 프랭클린 루스벨트

"노동당이 가장 중시하는 것은 전쟁 방지, 의식주와 고용, 여가 생활과 모두를 위한 사회보장제도입니다. 이 모든 것은 소수의 이익보다 우선해야 합니다. 전쟁에서 승리하기 위해 국가 자원을 효율적으로 조직할 수 있었듯이 평화 시기에도 같은 일을 해낼 수 있습니다"(1945년, 클레멘트 애틀리 선거 유세 연설).

제2차 세계대전이 끝나면서 시작된 새로운 시대. 이제 시장보다는 정치적 수단이 자원 배분의 주된 기반이 되었습니다. 정부는 공동체의 가치를 구현하기 시작했고 시민들은 시장의 가치보다 공동체의 가치를 우선하게 되었습니다.

제이콥 해커 | 예일 대학 교수

"제2차 세계대전 이후 미국인들은 전쟁에 대한 기억을 공유했고 유대감을 가질 수 있었어요. 유럽 또한 강력한 연대 정신을 통해 세계대전의 폐허 속에서 부활했습니다. 이 연대 정신은 풍요로운 사회 건설이라는 공동의 목표를 통해 구현되었죠. 좀 더 구체적으로는 거대 기업 내부에 노동조합과 같은 조직을 형성함으로써 구현되었습니다. 이들 조직은 풍요로운 사회를 건설하려면 비교적 평등한 사회를 만드는 것이 중요하다고 생각했어요."

풍요로운 사회를 건설하겠다는 목표는 현실이 되었습니다. 이 시기

"노동당이 가장 중시하는 것은
전쟁 방지, 의식주와 고용,
여가 생활과 모두를 위한 사회보장제도입니다.
이 모든 것은 소수의 이익보다 우선해야 합니다."

— 클레멘트 애틀리

독일과 프랑스 등지에서는 놀라운 경제 기적이 일어났습니다. 독일은 패전국에서 가장 부유한 국가로 단시간에 탈바꿈했습니다.

프랑스에서는 이 시절을 '영광의 30년'Les Trente Glorieuses이라고 부릅니다. 이때 이뤄진 경제성장은 가히 혁명적이었습니다. 프랑스 사람들은 이 시절을 진심으로 그렇게 받아들였습니다.

영국에서는 '풍요의 시대'age of affluence라는 말로 이 시절을 표현했습니다. 당시 영국의 총리였던 모리스 맥밀런Maurice H. MacMillan은 보수당 동료들에게 이렇게 장담했습니다.

"이렇게 좋은 시절은 앞으로 다시는 오지 않을 거요."[20]

슬프게도 그의 예언은 현실이 되었습니다.

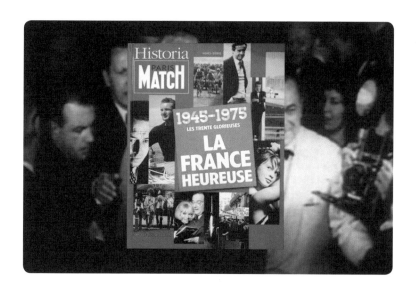

신자유주의는
어떻게 도래했는가?

1979년 영국에서는 마거릿 대처Margaret Thatcher가 총리가 되고, 1981년 미국에서는 레이건 정부가 등장하면서 역사적 흐름이 바뀌었습니다. 레이건과 대처가 주로 공격한 대상은 바로 공동체와 정부였습니다.

1987년 한 여성지와의 인터뷰에서 대처 총리는 이렇게 얘기했습니다.

"사회 같은 것은 없습니다. 오직 개인과 가족이 있을 뿐입니다."

개인의 이익을 강조하는 동시에 공동체의 가치를 부정하는 발언이었습니다.

그보다 앞선 1981년, 미국의 레이건 대통령은 연두교서에서 작은 정부와 균형 예산, 규제 완화를 주창했습니다.

"정부는 우리 문제를 해결할 수 없습니다. 정부가 바로 문제입니다."

정부와 개인을 대립시키면서, 개인의 자유를 부각시킨 대처와 레이건. 그들의 발언은, 정부가 더 이상 자본을 통제하지 못하도록 하겠다는 선언이었습니다. 다시 신자유주의의 시대가 열린 것입니다.

폴 피어슨 | 캘리포니아 대학 버클리 캠퍼스 교수

"1970년대 후반에 미국을 비롯한 많은 나라들에서 어떤 변화가 일어났다는 사실은 의심할 여지가 없습니다. 마거릿 대처가 집권할 당시의 영국이 좋은 사례가 될 수 있겠네요. 보수주의자들과 재계는 전후에 만들어진 공공 정책 체계를 맹렬하게 공격하기 시작했습니다. 정부가 경제에 개입하는 데 매우 비판적이었던 그들은 시장으로 돌아가야 한다고 주장했죠. 이때의 정책으로 정부의 역할이 약화되고, 보수주의 집단과 재계의 소득 및 권력이 강화되었습니다. 이 당시 일어난 변화 가운데 아주 중요한 것이 바로 노동조합의 약화입니다."

세금은 갈수록 축소되었고 노조 가입도 줄어들었습니다. 1990년 공산주의가 붕괴되고 나서는 자본주의에 대한 정부의 통제를 공개적으로 주장하기도 어려워졌습니다. 그렇게 민주주의는 축소되었고 자본은 통제를 벗어나기 시작했습니다.

그 결과 자본주의의 황금기는 끝나고 불평등은 다시 심화되기 시작했습니다.

존 던 | 케임브리지 대학 킹스칼리지 명예교수

"신자유주의 체제에서는 소비자와 판매자의 자유로운 의사 결정이 절대적으로 중요한 가치를 갖습니다. 우리는 이 체제에서 극소수의 사람들만이 경제적 혜택을 입어 불평등이 크게 심화되었다는 사실을 분명하게 알 수 있죠. 이 사실은 매우 중요합니다. 장기적으로 봤을 때, 신자유주의는 경제적 불평등으로 말미암아 정치적으로 존속하기 어려워질 것입니다. 공산주의 정부의 정당성이 지속되기 어려운 것과 같은 맥락이라고 생각해요."

"사회 같은 것은 없습니다.
오직 개인과 가족이 있을 뿐입니다."　　　　　　　— 마거릿 대처

"정부는 우리 문제를 해결할 수 없습니다.
정부가 바로 문제입니다."　　　　　　　　　— 로널드 레이건

마거릿 대처와 로널드 레이건.

그런데 여기서 하나 의문이 듭니다. 왜 시민들은 대처 정부나 레이건 정부의 '신자유주의 보수 혁명'에 동의했던 것일까요?

셰리 버먼 | 컬럼비아 대학 교수

"20세기 후반에 신자유주의가 지배적인 이념이 된 데는 여러 가지 이유가 있다고 생각합니다. 1960년대를 거치면서 정부와 권력에 대한 불신이 증폭되었기 때문일 수도 있습니다. 당시의 불신은 제2차 세계대전 이후 지나치게 비대해진 정부, 사회정책, 복지국가에 대한 반발에서 비롯되었죠."

1968년, 세계는 기성세대의 권위에 저항하는 젊은 세대의 외침으로 뜨겁게 달아올랐습니다. "금지하는 것을 금지하라"고 외치며, 학생들은 파리·뉴욕·베를린·도쿄 등지에서 격렬한 시위를 벌였습니다. 그들을 하나로 뭉치게 만든 것은 '정부를 포함한 기성 권위에 대한 저항'이었고, '자신의 욕망을 제약 없이 표현할 수 있는 자유'였습니다. 그들은 '개인의 자유와 권리'를 주창하며, 이를 억압하는 정부를 비판하기 시작했습니다. 정부는 개인의 자유를 억압하는 존재로 전락하고 말았습니다.

이 시기를 거치며 '가장 개인적인 것이 가장 정치적인 것'이 되었고 인권 운동은 새로운 정치의 화두로 떠올랐습니다. 하지만 부작용도 있었습니다. 개인주의가 확산되면서 공동체의 가치는 무너지고 정부

"개인적인 것이 정치적인 것이다"

The personal is the political

— 페트라 켈리

의 역할도 축소되었습니다. 그러면서 정부의 역할에 대한 사람들의
믿음도 서서히 무너졌던 것입니다.

폴 피어슨 | 캘리포니아 대학 버클리 캠퍼스 교수

"개인주의 문화의 확산이 가져온 중요한 결과는 바로 정부의 역할에 대
한 매우 부정확한 담론이 등장했다는 사실입니다. 사람들은 자유를 누
리거나 정부로부터 억압을 받거나 둘 중 한 가지 선택밖에 없다고 생각
합니다. 물론 대부분은 자유를 원하죠. 이처럼 정부 대 자유, 정부 대 시
장이라는 인식의 틀 안에서는, 많은 사람들이 정부의 간섭을 원하지 않
게 됩니다. 하지만 이것은 현실을 반영한 담론이 아니에요. 사람들이
자유를 누리려면 정부의 개입이 필요하기 때문입니다."

지난 수십 년간 미시간 대학에서 정부에 대한 미국 시민들의 신뢰
도를 지속적으로 조사해 왔습니다. 그런데 조사 결과는 시대별로 큰
차이를 보였습니다. 1964년에는 정부가 모두의 이익을 대변한다고
믿는 미국인이 전체의 60퍼센트를 넘었습니다. 하지만 2012년에는
그 비율이 19퍼센트로 줄어듭니다. 지금은 시민들 가운데 열에 여덟
은 정부를 믿지 않는 시대가 된 것입니다.

정부에 대한 미국 시민들의 신뢰도

	1964년	1970년	1980년	1990년	2012년
소수의 이익을 대변	29%	50%	70%	71%	79%
모두의 이익을 대변	64%	41%	21%	24%	19%

출처: The American National Election Studies, University of Michigan, 〈표 5A.2〉.

· 신자유주의의 문제점은 무엇인가요?

　신자유주의는 상당히 흥미로운 개념입니다. 사람들이 보통 생각하는 것과는 달리, 신자유주의는 자유주의가 아닙니다. 아니 매우 반자유주의적입니다. 역사도 아주 오래되었고요.

　애덤 스미스Adam Smith로 돌아가 봅시다. 애덤 스미스는 '보이지 않는 손'이라는 유명한 용어를 만들었습니다. 이 개념은 늘 잘못 이해되고 있습니다. 다시 살펴볼까요.

　『국부론』에서 '보이지 않는 손'이라는 표현은 한 번 등장합니다. 어디서 등장하냐고요? 오늘날 우리가 신자유주의라고 부르는 체제를 비판하는 주장에서 등장합니다. 맥락을 봅시다.

그는 물론 잉글랜드에 대해 얘기하고 있습니다. 만일 잉글랜드의 상인들과 제조업자들이 해외로부터 수입을 하고 해외에 투자한다면, 자신들에게는 좋겠지만 잉글랜드 사람들에게는 부정적인 영향을 미칠 것입니다. 애덤 스미스는 그들이 조국에 대한 충성심 때문에 그런 행위를 하지 않을 것이라고 말합니다. 즉 보이지 않는 손에 의해서, 잉글랜드는 우리가 오늘날 '신자유주의적 세계화'라고 부르는 파괴적 현상으로부터 구원될 것이라고 말한 것입니다. 『국부론』에서 '보이지 않는 손'이라는 용어는 이런 뜻으로 딱 한 번 사용되었습니다.

고전 경제학의 아버지 데이비드 리카도David Ricardo 역시 같은 말을 했습니다. 어떻게 보면 스미스보다 더 강하게 주장했죠.

지금의 신자유주의는 진정한 자본주의라고 할 수 없습니다. 국가자본주의의 장기적 경향입니다. 그래서 집중된 사적 권력(대기업)이 사회의 부와 권력을 얼마나 빼앗을 것인가와, 대중이 부와 권력을 어느 정도까지 뺏기지 않을 것인가를 놓고 끊임없는 충돌이 벌어집니다.

지난 세대를 거치면서 집중된 사적 권력(대기업)이 더 유리한 입장에 서게 되었습니다. 이것이 신자유주의입니다. 신자유주의가 시장·자유 등과 관련이 있다는 잘못된 주장이 있습니다만, 이런 주장은 소련의 독재자 스탈린이 민주주의를 언급했던 것만큼이나 설득력이 떨어집니다.

민주주의의 우선성은
어떻게 가능한가?

　　　　　　자본주의는 이기적 욕망을 기반으로 합니다. 그
래서 탐욕이 한계를 초과하면 공동체는 위협받고 자본주의는 몰락
의 위기를 맞습니다. 그 예가 바로 1930년대 대공황과 2008년 세계
금융 위기입니다.

필립 페팃 Philip Pettit | 프린스턴 대학 교수

"국가로부터 교회를 분리시켰던 것처럼 국가로부터 기업과 상업을 분
리시키지 않았기 때문에 기업의 세계가 국가의 정책을 지나치게 많이
지배하고 있다고 생각합니다. 이는 세계 여러 곳에서, 허용되어서는 안
되는 수준의 불평등을 정부·국가·법이 실제로 허용해 주고 있는 이유
를 설명해 줍니다. 그 결과 평범한 사람들의 자유에 부정적인 영향을
미치고 있지요."

애덤 쉐보르스키 | 뉴욕 대학 교수

"신자유주의로 인해 많은 것이 파괴되었다는 사실을 사람들은 알고 있
습니다. 국제통화기금조차 인정한 사실이에요. 국제통화기금의 수장
도 '워싱턴 콘센서스', 즉 신자유주의는 끝났다고 선언했습니다. 신자

유주의 실험은 자본주의를 민주주의로부터 해방시키고자 했다는 측면에서 제2차 자본주의 혁명으로 볼 수 있는데, 나는 그것이 실패했다고 생각합니다. 민주적 제도가 자본주의를 어느 범위까지 통제할 수 있느냐, 중요한 문제는 바로 이것입니다."

그렇다면 민주주의는 어떻게 자본주의의 탐욕을 통제할 수 있을까요? 이를 알아보기 위해 OECD에서 조사해 발표한 국가별 정부 평가 지수를 비교해 봤습니다. 먼저 정부에 대한 신뢰도와 나라별 부패지수를 보겠습니다.

출처 : OECD, "Government at a Glance 2012.".

정부 신뢰도와 정부 부패지수를 비교해 보면, 정부에 대한 신뢰도가 높은 나라일수록 부패지수가 낮은 것을 확인할 수 있습니다. 스웨덴·노르웨이·핀란드 같은 북유럽 국가들이 그런 경우에 해당합니다.

알베르토 알레시나 | 하버드 대학 교수

"북부 유럽은 부패 정도가 가장 낮습니다. 반면 정부에 대한 신뢰뿐 아니라 납세 등의 문제에서 신뢰가 상당히 높습니다. 북부 유럽인들은 정부를 믿을 뿐만 아니라 서로를 믿습니다. 북부 유럽은 높은 수준의 신뢰 사회입니다."

그렇다면 정부에 대한 신뢰도와 경제적 불평등 사이에는 어떤 관련이 있을까요? 이를 알아보기 위해 OECD 정부 신뢰도 지수와 지니계수 세전-세후 차이를 비교해 보겠습니다. 지니계수는 소득의 불평등 정도를 나타내는 척도입니다. 지니계수가 낮을수록 소득 분배가 평등하고, 지니계수가 높을수록 불평등이 심하다고 볼 수 있습니다. 지니계수 세전-세후 차이는 세금을 통해 지니계수가 얼마나 줄어들었는지를 확인할 수 있는 지표입니다. 이는 곧, 세금 부과를 통해 소득이 재분배되고 있음을 뜻합니다.

결국 정부에 대한 신뢰도가 높은 국가일수록 지니계수의 세후 효과가 큰 것으로 나타났습니다. 정부의 적극적인 역할로 불평등이 감소한 나라일수록 정부에 대한 신뢰도가 높은 것입니다.

국가별 지니계수 세전·세후 차이
OECD 0.16

스웨덴 0.17　노르웨이 0.17　핀란드 0.22

한국 0.03　미국 0.12　일본 0.15

국가별 정부 신뢰도
OECD 40

핀란드 60　스웨덴 63　노르웨이 66

일본 17　한국 23　미국 35

신뢰도가 높은 정부일수록 적극적인 역할을 수행할 수 있습니다. 그리고 이는 불평등의 감소로 이어져, 다시 정부의 신뢰도를 높여 줍니다.

반대로 정부에 대한 불신이 높은 나라에서는, 정부의 역할이 축소될 수밖에 없습니다. 그에 따라 불평등이 심화되고 정부의 신뢰도는 다시 악화됩니다. 악순환 구조가 만들어지는 것입니다.

셰리 버먼 | 컬럼비아 대학 교수

"정부가 자본주의의 변화를 따라잡아야죠. 조세제도, 규제 방식, 기업에 대한 관점 등을 기업의 변화에 발맞추어 바꿔야 합니다. 오늘날 시장의 영향력은 막강하며 세계는 빠르게 변하고 있습니다. 이런 시대에 정부가 해야 할 중요한 역할은 시민들을 위협으로부터 보호할 능력이 있다는 사실을 입증하는 것입니다. 경제성장과 발전을 동시에 추구하면서 말이죠."

자본주의의 위기 앞에서 다시 정부의 중요성을 강조하고 있습니다. 하지만 여기서 말하는 정부는 관료 정부가 아닙니다. 바로 시민들이 정치에 적극적으로 참여하고 통제권을 갖는 정당 정부입니다. 정당 정부를 통해서만 자본주의의 탐욕을 억제할 수 있습니다.

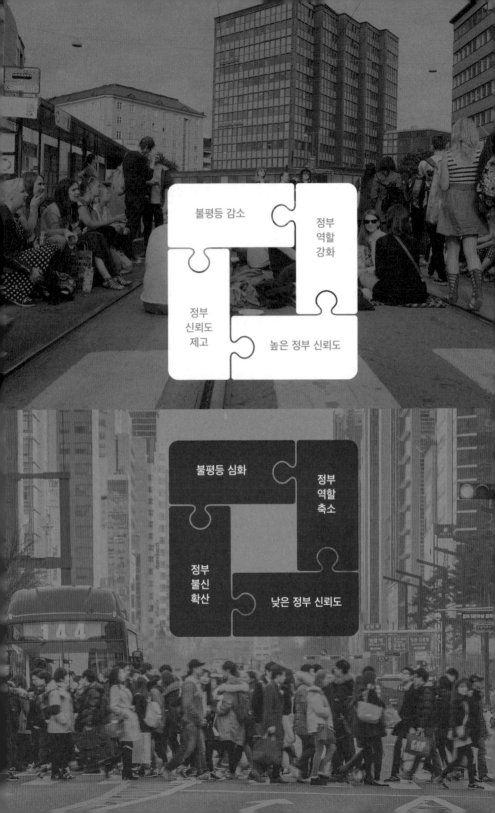

최장집 | 고려대학 명예교수

"현대 민주주의 정치에서 정부는 정당 정부의 성격이 강합니다. 정부는 선거의 결과로 구성되고, 선거를 조직하고 정부를 운영하는 것도 기본적으로는 정당이기 때문에 그렇습니다."

민주주의와 자본주의는 현대사회를 구성하는 두 기둥입니다. 대한민국 헌법에는 양자의 관계를 명시한 조항이 있습니다.

"국가는 균형 있는 국민경제의 성장 및 안정과 적절한 소득의 분배를 유지하고, 시장의 지배와 경제력의 남용을 방지하며, 경제 주체 간의 조화를 통한 경제의 민주화를 위하여 경제에 관한 규제와 조정을 할 수 있다."

흔히 '경제민주화 조항'이라고 부르는 헌법 제119조 2항입니다.

과도한 불평등을 막고 자본주의의 탐욕을 규제하는 역할은 결국 정부가 할 수밖에 없습니다. 그리고 정부를 움직이는 것은 민주주의입니다. 이것이 바로 자본주의에 대해 민주주의가 우선해야 하는 이유입니다.

· 자본주의와 민주주의의 관계에서 정부가 해야 할 역할은 무엇인가요?

자본주의와 민주주의 간의 성공적인 관계는 건강한 긴장 관계를 유지하는 것입니다. 사람들이 갖는 공포는 두 가지입니다. 민주주의가 자본주의를 삼켜 버리는 상황과, 자본주의가 민주주의를 삼켜 버리는 상황이죠. 모두 일리가 있지만 우리가 명심해야 할 중요한 사실이 있어요.

지난 1백 년 동안 큰 성공을 누렸던 나라들은 모두 자본주의를 희생해 민주주의를 성장시킨 것이 아니라, 어느 때보다 성공적인 자본주의 체제를 건설했습니다. 사람들은 문제점만 보고 상황이 나빠졌

다고 생각하는 경향이 있습니다. 하지만 부유한 민주국가에 사는 대다수 사람들의 삶의 질은 지난 40~70년 동안 훨씬 높아졌습니다.

· 하지만 민주주의가 축소되었다고 보는 시각도 있습니다.

맞아요. 그래서 어떻게 하면 이 성공적인 체제를 장기적으로 유지할 수 있는지 고민해야 합니다. 미국은 물론이고 어떤 측면에서는 체제 자체가 위협받고 있거든요.

미국과 여타 몇몇 나라들에서 자본주의가 민주주의를 삼키고 있다고 걱정할 만한 근거가 있지요. 이런 현상은 자본주의에도 안 좋은 영향을 줍니다. 민주주의에만 해로운 것이 아니라 경제적으로도 문제가 발생할 것이라는 뜻입니다.

혼합경제는 자본주의에 아주 이로운 체제였어요. 시장이 해결하기는커녕 오히려 악화시켰을 법한 다양한 문제들을 해결할 수 있었습니다. 지구온난화만이 유일한 사례는 아닙니다. 혁신적이고 기술이 발달한 지식 사회를 만들려면 시장에만 의지할 수는 없습니다. 시스템이 지나치게 불균형해지면 자본주의가 스스로를 파괴할 우려가 있거든요.

우리가 직면한 이 문제에 다각적으로 접근해서 해결 방안을 찾아야 합니다. 권력에 대항할 정치적·사회적 조직을 양성하는 일은 무

척 중요합니다. 또한 이 싸움은 관점에 대한 것이기도 하죠. 토니 주트Tony Judt가 개인주의에 대해 비판하며 주장했던 것처럼, 미국인들은 정부가 왜 필요하며, 우리가 어떻게 부자가 될 수 있었는지를 잊어버렸습니다. 미국은 정부의 적극적인 개입, 혼합경제를 통해 강대국이 되었는데 말이죠.

현재 미국에서는 '리버럴'(민주당 지지자) 또는 진보주의자를 자처하는 사람들 사이에서도 신자유주의가 지배적인 이념으로 자리 잡은 상황입니다. 그들은 개인주의를 신봉하며 시장의 장점을 이해하지만, 왜 정부가 적극적으로 개입할 필요가 있는지는 알지 못합니다. 그래서 나는 현재 일어나고 있는 싸움은 관점에 대한 싸움인 측면이 크다고 생각합니다.

기업과
민주주의

4

기업도 사람인가?

기업의 본질은 무엇인가?

주주 자본주의란 무엇인가?

민주적 기업, 직원 지주제

민주적 기업, 공동 결정 제도

제헌 헌법에 담긴 정신

4-01

기업도 사람인가?

미트 롬니(위)와 엘리자베스 워런(아래).

2011년 8월 11일, 성공한 사업가이자 공화당 대통령 후보였던 미트 롬니Mitt Romney의 아이오와 유세 현장.

당시 롬니 후보는, 오바마 행정부가 사회보장제도를 개혁하기 위해서는 사람들에게 세금을 올려야 할 것이라고 주장했습니다. 이에 맞서, 자신은 절대 증세하지 않겠다고 말했습니다. 그의 연설을 듣고 있던 시민들이 "기업이 있소!"라고 외쳤습니다. 그러나 롬니 후보는 이렇게 대답합니다. "기업도 사람입니다"Corporations are people.

당시 민주당 지도자였던 엘리자베스 워런Elizabeth Warren은 전당대회에서 롬니 후보를 이렇게 비판했습니다.

"롬니 주지사님, 그건 아니지요. 기업은 사람이 아닙니다. 사람에게는 심장이 있고, 아이들도 있습니다. 그들은 일을 하지요. 그들은 아파하며 슬퍼하고, 춤을 추기도 합니다. 사람들은 살아 있으며, 사랑을 하고, 언젠가는 죽습니다. 이것이 중요합니다. 우리는 기업이 아니라 사람을 위해 이 나라를 운영하는 것입니다."

기업도 사람인가. 대통령 선거에서 난데없이 이런 논쟁이 벌어진 이유는 무엇이었을까요?

미국의 연방대법원. 의회에서 제정한 법률의 위헌 여부도 결정하는 막강한 힘을 갖고 있는 곳. 이곳에서 2010년 1월 21일, 역사에 기

록될 판결이 내려집니다. 바로 〈시민연대 대 연방선거위원회〉Citizens
United v. Federal Election Commission 판결.*

　이 판결에서 미국 연방대법원은 기업의 선거 자금 지원을 제한할
수 없다고 결정한 것입니다. 그런데 이렇게 판결한 논리가 논란이 되
었습니다.

폴 피어슨 | 캘리포니아 대학 버클리 캠퍼스 교수

"연방대법원은 기업의 정치적 후원이 (인간의 기본권인) 표현의 자유와
같은 맥락이며, 따라서 규제해서는 안 된다고 판결했습니다. 이런 접근
방식은 잘못된 것입니다."

　워싱턴의 중심가, 케이 스트리트K Street. 백악관에서 북쪽으로 세 블
록 떨어진 이 지역은 기업의 로비를 대행하는 로비스트 회사들이 집
중적으로 몰려 있는 곳입니다. 미국의 대기업과 대부호들의 정치자금

---

* 시민연대 대 연방선거위원회 판결

1971년에 제정된, 연방선거운동법(Federal Election Campaign Act, 1971, 'FECA') 제431조는
기부를 하는 주체와 받는 주체의 범위를 상세히 규정했다. '국립은행 또는 기업체, 노동단체'
의 기부는 특별히 금지되어 있었다. 2010년 〈시민연대 대 연방선거위원회〉 판결은 바로 이
조항을 위헌으로 결정한 것이다. 비영리를 불문하고 모든 기업 및 노동조합 등 단체가 공직
선거 과정에서 정치 활동 관련 비용을 지출하는 것이 연방헌법 수정 제1조에 따라 보호된다
고 판시한 최초의 판결이라는 점에서 의의가 있다.

"사람들은 살아 있으며, 사랑을 하고, 언젠가는 죽습니다.
이것이 중요합니다. 우리는 기업이 아니라
사람을 위해 이 나라를 운영하는 것입니다."

— 엘리자베스 워런

도 자연스럽게 이곳으로 몰려듭니다.

연방대법원의 판결로, 기업의 선거 자금 지원이 무제한으로 허용되면서 금권 선거는 통제할 수 없게 되었습니다. 그 결과, 미국 정치에서 기업과 부자들의 힘은 갈수록 커졌습니다.

폴 피어슨 | 캘리포니아 대학 버클리 캠퍼스 교수

"1980년대 초반에는 최상위층 0.1퍼센트가 전체 정치자금의 15퍼센트를 부담했습니다. 지금은 40퍼센트 정도를 차지합니다. 엄청난 양의 자원을 독점한 소수의 인물이나 조직이 정치적 결정에 중대한 영향을 미치게 된다면, 정치체제는 모두의 이익을 대변하는 역할을 잃어버릴 것입니다."

민주주의를 왜곡하는, 기업의 정치자금. 그런데 이것보다 중요한 사실은, 시민들이 바로 그 기업의 통제하에 있다는 것입니다. 시민들은 민주주의의 주인으로 선거에서 대표를 선출하지만, 자신들은 기업에서 일하고 있거나 기업의 영향력 아래 있습니다.

미국 버지니아 주에 위치한 몬티셀로Monticello.

지금은 역사박물관이 되어 있지만 이곳은 미국의 3대 대통령 토머스 제퍼슨Thomas Jefferson이 인생의 대부분을 보낸 곳이기도 합니다. 그는 이곳에서 미국 독립 선언문을 작성하며 미국이라는 새로운 민주공화국을 설계해 나갔습니다. 그가 꿈꾸었던 민주공화국의 모습은 자영

"극소수의 사람들이 이 나라의 재산을 완전히
거머쥐고 있습니다. …… 최대한 빠른 시일 안에
가능한 한 많은 사람들이 아무리 작더라도
자신의 땅을 가질 수 있도록 모든 조치를 취해야 합니다.
소지주는 국가의 가장 중요한 구성원입니다."

— 토머스 제퍼슨

농 중심의 분권 사회였습니다. 토지와 노동에 대한 자기 결정권을 가진 자유로운 시민들만이 민주주의의 주인공이 될 수 있다고 제퍼슨은 생각했습니다. 그는 동료였던 제임스 매디슨에게 자신의 이런 생각을 담은 편지를 썼습니다.

"극소수의 사람들이 이 나라의 재산을 완전히 거머쥐고 있습니다. …… 최대한 빠른 시일 안에 가능한 한 많은 사람들이 아무리 작더라도 자신의 땅을 가질 수 있도록 모든 조치를 취해야 합니다. 소지주는 국가의 가장 중요한 구성원입니다."

리처드 프리먼 Richard Freeman | 하버드 대학 교수

"미국혁명으로 새로운 사회가 생겨났을 당시 영국 귀족에 대항하던 그들은 민주주의가 실현되려면 각 개인이 귀족의 통제에서 벗어나야 한다고 생각했습니다. 그래서 많은 사람들이 토지를 소유하거나, 장인·공예가 등 기술자가 되어 다양한 제품을 만들어 판매함으로써 민주주의를 유지한다면 평등이 실현되리라 믿었습니다."

실제로 독립 당시 미국은 농경 사회였습니다. 당시 미국 시민들의 대다수는 자영농과 자영업자들이었습니다. 이들은 재산과 노동에 대한 자기 결정권을 갖고 있었습니다. 그들이 바로 미국 초기 민주주의의 주인공이었습니다.

1780년 미국의 계급 구조

		생산에 필요한 자본재를 소유하고 있는가?	
		예	아니오
타인의 노동에 대한 통제권이 있는가?	예	자본가 계층(1%) 노예주 계층(3%)	신중간 계층(1%) *관리자, 감독 등
	아니오	구중간 계층(60%) *자영업자/자영농	노동자 계층(5%) 노예 계층(30%)

출처: Jackson T. Main, *The Social structure of Revolutionary America* (Princeton: Princeton University Press, 1965); Gary B. Nash, *Class and Society in Early America* (Englewood Cliffs, N.J.: Prentice-Hall, 1970)의 자료들을 기준으로 추정했다.

이런 사실은 당시 사회구조를 분석한 잭슨 메인Jackson T. Main의 연구에서 명확하게 드러납니다. 이 연구에서는 생산 자본재를 소유하고 있느냐와, 타인의 노동에 대한 통제권이 있느냐에 따라 미국 시민을 4개의 계층으로 분류했습니다.

먼저, 자본재를 소유하고 있으며 노동 통제권도 가진 자본가와 노예주들은 전체 시민의 4퍼센트였습니다. 반면 시민의 60퍼센트는 자영농이나 자영업자들이었습니다. 이들은 자본재는 가지고 있었지만 타인에 대한 노동 통제권은 갖고 있지 않았습니다. 당시에 관리자는 1퍼센트에 불과했습니다. 이때는 자본재도 없고 노동 통제권도 없는 노동자와 노예의 비율이 전체의 35퍼센트였습니다.

리처드 프리먼 | 하버드 대학 경제학과 교수

"초기 미국인들은 고용되어 일하는 사람들을 임금 노예라고 불렀습니다. 그들은 새롭게 건설한 사회에 노예 계급이 형성되는 걸 원하지 않았습니다."

오늘날은 어떻게 바뀌었을까요? 앞의 연구와 똑같은 방식으로 현대의 미국 사회를 분석한 에릭 올린 라이트Erik Olin Wright의 연구를 살펴보겠습니다.

생산 자본과 노동 통제권을 모두 갖고 있는 자본가는 5퍼센트로, 미국 독립 당시와 비슷합니다. 반면, 자본재는 있지만 노동 통제권이 없는 자영농과 자영업자는 60퍼센트에서 12퍼센트로 대폭 줄어들었습

오늘날 미국의 계급 구조

		생산에 필요한 자본재를 소유하고 있는가?	
		예	아니오
타인의 노동에 대한 통제권이 있는가?	예	자본가 계층(5%)	신중간 계층(29%) *관리자, 감독 등
	아니오	구중간 계층(12%) *자영업자/자영농	노동자 계층(54%)

출처: Erik Olin Wright, *Class Counts: Comparative Studies in Class Analysis* (Cambridge University Press, 1997), p. 99, Table 3.2의 자료를 기준으로 추정.

니다.

　이에 비해 자본재는 없지만 노동 통제권을 가진 관리직은 1퍼센트에서 29퍼센트로 늘어났습니다. 또한 자본재도 노동 통제권도 없는 사람들은 미국 독립 당시 35퍼센트에서 54퍼센트로 늘었습니다.

리처드 프리먼 | 하버드 대학 교수

"오늘날 대부분의 사람들은 자신만의 작은 사업체를 가지고 있기보다는 거대 조직에 고용되어 있습니다. 또한 자영업을 선호하지만 쉽게 자영업자가 되지는 못하죠. 거대한 자본 기계와 도구는 여전히 기업들이 소유하고 있습니다. 그래서 독립적인 존재였던 과거의 농부와 비교하면 오늘날의 노동자들은 기업 자본의 일부를 이용하고 있는 것이죠."

　민주주의 초기인 미국 독립 당시에는 자영농과 자영업자 중심의 자유 시민이 다수였습니다. 그래서 상사의 명령에 따라 일하는 임금노동자가 된다는 것은 개인의 독립성이 파괴되는 끔찍한 상황이라고들 생각했습니다. 반면 오늘날은 기업에 소속된 노동자가 시민들의 다수가 되었습니다.

리처드 프리먼 | 하버드 대학 교수

"기업이 처음 만들어지기 시작했을 때 미국 건국을 주도한 사람들은 매우 심기가 불편했습니다. 기업이 민주적 절차를 저해하고, 자신들이 반

대했던 부유한 귀족 부류의 계층을 새로 만들어 낼 것이라고 생각했기
때문입니다."

4-02

기업의 본질은 무엇인가?

기업은 정부의 승인을 얻어, 경제활동을 하고자 만들어진 공동체입니다. 당연히 기업은 사람들에 의해 조직되고 정부의 통제 아래에 있습니다.

그런데 어느 순간 기업은 법인法人이 되어 자연인과 동등한 권리를 누리게 되었고,* 이제는 기업의 활동을 규제하거나 통제하는 것은 사람의 자유를 침해하는 것과 마찬가지로 생각됩니다. 과연 기업은 자유 시장의 주인공일까요? 기업의 실체는 무엇일까요?

1930년대 초, 런던 정치경제대학에서 경영학을 전공하고 있던 젊은 학도 로널드 코스Ronald Coase. 변호사가 될 생각으로 산업법을 공부하던 그는 졸업반이 되던 해, 우연히 경제학 세미나 수업을 듣습니다. 이때 그는 경제 시스템에 대한 한 가지 의문을 갖게 되었습니다.

---

* **법인**(Corporation, legal person, artificial person 등)이 사람과 동등한 지위를 가진다는 판결이 최초로 내려진 사례는 대체로 1886년 연방대법원의 "산타클라라 카운티 대 서던퍼시픽 철도" 판결로 알려져 있다. 당시 소송의 쟁점은 산타클라라 카운티가 서던퍼시픽 철도 회사의 재산에 대해 개인과는 다른 세율의 세금을 부과하는 것이 수정 헌법 제14조의 평등 조항에 위배되는지 여부였다. 이에 대해 연방 헌법은 법인(artificial person)도 수정 헌법 제14조에서 말하는 사람(person)에 해당된다는 거대 기업 측의 주장을 받아들여, 법인 역시 자연인과 동등한 존재로 판결하게 된다. 이 판례는 오늘날까지도 많은 논란을 불러일으키고 있다. 남자도 여자도 아니며, 숨을 쉬거나 먹지도 않고, 출산을 하지도 않고, 유죄판결을 받더라도 감옥에 가지 않는 기업들이 인간과 동등한 권리를 누리며, 입법에 영향을 미칠 자유를 포함한 광범위한 언론의 자유와 권리를 누리고 있다.

"시장 경쟁이 좋은 것이라면 어째서 우리는
시장 이외의 것들을 여전히 유지하고 있을까?"
"교환관계가 아니라 명령 관계로 조직된 기업은
왜 존재할까?"

—로널드 코스

"시장 경쟁이 좋은 것이라면 어째서 우리는 시장 이외의 것들을 여전히 유지하고 있을까?"

그가 말한 '시장 이외의 것'이란 기업을 의미했습니다.

"교환 관계가 아니라 명령 관계로 조직된 기업은 왜 존재할까?"

기업의 존재 이유를 탐구한 공로로, 1991년 노벨 경제학상을 수상한 로널드 코스. 그에게 뒤늦게 노벨상의 영예를 안겨 준 연구는 1937년 스물일곱 살에 발표한 그의 첫 논문 "기업의 본질"The Nature of the Firm에 실려 있었습니다.[21] 이 논문에서 코스는 기업의 본질을 탐색해 나갑니다.

로널드 코스

"가격 메커니즘을 대체하는 것, 이것이 기업의 본질이다."
"임금 계약은 기업가의 명령에 복종하겠다는 약속이다."

로널드 코스가 주목한 것은 기업의 메커니즘이었습니다. 기업이라는 조직에는 명령과 지시를 내리는 관리자가 존재합니다. 관리자에 의해 행동이 조정되는 기업의 이런 메커니즘은 가격 체계에 따라 굴러가는 시장경제보다는 오히려 정치 메커니즘의 본질에 더 가까운 것이었습니다. 그래서 코스 이후 연구자들은 이런 기업의 정치 구조를, 애덤 스미스의 '보이지 않는 손'에 빗대어 '보이는 손'이라고 불렀습니다.

로렌 로저스 Loren Rodgers | 전미직원지주센터 대표

"기업들은 정치의 바깥에서 정치에 영향을 주는 정치적 행위자들입니다. 또한 내부적으로도 정치성을 띱니다. 기업 내부에도 정치가 존재하죠."

로널드 코스는 시장의 성격과 배치되는 기업의 존재 이유를 '거래 비용'transaction cost에서 찾았습니다. 거래 비용이란, 거래 대상을 찾거나 가격을 흥정하거나, 계약이 제대로 이행됐는지를 확인하는 데 발생하는 비용을 말합니다. 그런데 기업이라는 조직을 만들어서 관리자에게 자원을 관리하도록 위임하면, 시장에서 교환할 때보다 거래 비용을 줄일 수 있는 것입니다. 이것이 바로 로널드 코스가 밝혀낸 기업의 존재 이유였습니다.

여기서 우리가 확인할 수 있는 것은 기업은 명령으로 운영되는 정치조직과 유사하다는 점입니다. 실제로 기업은 정부와 마찬가지로 직원들을 '통치'합니다. 그런데 기업은 자유 시장에서 자신의 이익을 위해 경쟁하는 개인으로 그려집니다. 그리고 어느 순간 '기업'이라는 단어는 '기업가'라는 단어로 바뀝니다.

현대사회의 기업은 대부분 주식회사의 형태를 취하고 있습니다. 그래서 주식회사의 경우, 기업은 주주가 소유하고 있는 것으로 우리는 알고 있습니다. 그렇다면 기업의 주인인 주주는 어떤 존재일까요?

한 기업이 침몰할 위기에 놓여 있다고 가정해 봅시다. 이럴 때 어떻게 행동하겠습니까? 탈출하겠습니까? 아니면 남아 있겠습니까?

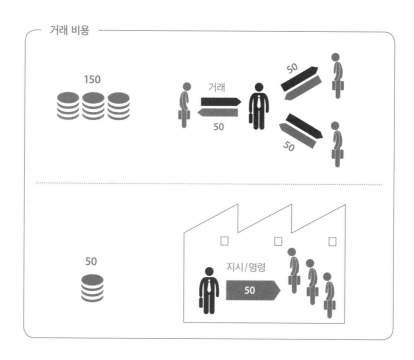

시장의 논리는 신속하게 탈출하는 것입니다. 경제학자들도 당연히 탈출하는 것이 훨씬 더 효율적이라고 얘기합니다. 어떤 이들은 탈출하는 것만이 유일한 선택이라고 말합니다. 주주들도 기업이 위기에 빠졌을 때 시장의 논리대로 탈출을 시도합니다.

데이비드 엘러먼 David Ellerman | 전 세계은행 수석 자문위원

"주주들은 기업의 운영 방식이 마음에 들지 않으면 다른 사람들보다 먼

저 주식을 팔아 버립니다. 이는 월가의 법칙입니다. 그렇기 때문에 그들을 기업의 소유주 또는 경영자라고 말하기는 힘듭니다. 그들은 경마장에서 오늘 말의 컨디션이 안 좋은 것처럼 보이면 다른 말에 걸 듯, 결과를 계산하고 그것에 맞게 행동합니다. 그들은 경주마의 소유자가 아니라, 그 경주에서 그 말에 돈을 거는 것뿐입니다."

그렇다면 기업이 위기에 빠졌을 때 직원들은 어떻게 행동할까요? 보통은 남는 것을 선택합니다. 탈출에 따른 비용이 너무 많이 들기 때문입니다. 그래서 직원들은 대부분 남아서 위기를 극복하기 위해 항의voice하거나 더 열심히 일하게loyalty 됩니다. 이것은 국가가 위기에 빠졌다고 일반 국민들이 쉽게 이민 갈 수 없는 것과 비슷한 이치입니다.

법적으로 기업의 주인은 주주들입니다. 하지만 주주들은 쉽게 탈출합니다. 법적으로는 주인이지만 실제로는 외부 사람처럼 행동합니다. 그에 비해 법적으로 외부인에 불과한 직원들은 마치 주인처럼 회사에 충성심을 발휘합니다.

데이비드 엘러먼 | 전 세계은행 수석 자문위원

"외부와 내부를 따진다면, 주주들은 법적으로는 기업의 내부에 속해 있지만, 정작 20년 동안 근무해 온 직원들은 기업의 외부에서 기업에 노동력을 팔고 있는 것처럼 (재무제표에) 기록됩니다. 미친 짓이죠. 정말 문제가 되는 것은 직원들이 내부에 있음에도 외부에 있는 것처럼 대할 수 있는 고용 관계입니다."

기업이 위기에 빠졌을 때 직원들은 어떻게 행동할까요?
보통은 남는 것을 선택합니다. 탈출에 따른 비용이
너무 많이 들기 때문입니다.

· 기업도 민주주의의 원칙에 따라 규제되어야 할까요?

기업은 민주주의 체제에서 법에 의해 만들어진 조직의 한 형태입니다. 그래서 민주 정부는 기업에 조건을 부여하죠. 기업을 인가해 주는 주체는 정부입니다. 미국의 경우 여러 주 가운데 한 곳을 선택해 인가를 받을 수 있습니다.

기업이 처음 만들어지기 시작했을 때, 미국 건국을 주도한 사람들은 심기가 매우 불편했습니다. 기업이 민주적 절차를 저해하고, 자신들이 반대했던 부유한 귀족 계층을 새로 만들어 낼 것이라 생각했기 때문입니다.

시장이 매우 경쟁적이라면 특정 기업에 강한 권력이 쏠리는 일은 없을 것입니다. 그러나 엄청난 힘을 가진 거대 기업들이 현실에 존

재합니다. 따라서 저는 원칙적으로 기업을 규제하되, 시민들이 정부에 부여한 인가의 권한을 통해 규제해야 한다고 생각합니다. 민주 정부가 회사법을 제정했기 때문에 민주 정부는 기업을 인가해 주지 않을 권한이 있습니다.

그렇게 멀지 않은 과거에는 노동조합이 기업의 관료주의 또는 위계에 대항해 균형을 맞추는 역할을 했죠. 그러나 적어도 미국에서는 노동조합의 힘이 매우 약해진 상태입니다. 더 이상 노동조합이 존재하지 않는 사기업이 많습니다. 기업 내부에서 세력 균형을 맞춰 민주주의를 구현하는 힘이 사라진 것이죠.

그렇지만 우리는 법을 통해 기업들의 로비 활동을 막을 수 있습니다. 기업을 규제하기 위해 우리가 할 수 있는 일이 분명 존재합니다.

· 경제민주화는 어느 범위까지 이루어질 수 있을까요?

직원들의 소유권을 강화해 기업 내부를 민주화함으로써 경제 분야를 더 민주화할 수 있겠죠. 그 후에는 중소기업에 이익이 되는 정책을 시행하고, 그 다음에는 민주주의 체제에서 기업의 역할을 규제함으로써 민주주의를 구현할 수 있습니다. 기업의 문제점을 완전히 없앨 수는 없겠지만, 기업의 힘을 어느 정도 제한하고 축소시키는 것은 분명 가능합니다.

주주 자본주의란
무엇인가?

미국 뉴욕의 월스트리트. 이곳에 위치한 증권거래소에는 세계적인 기업들의 주식이 상장되어 있습니다.

이곳에 상장된 서른 개의 우량 기업을 표본으로 대표적인 주가지수 중 하나인 다우존스 산업 평균 지수Dow Jones industrial average가 산출됩니다. 다우존스 지수가 처음 도입된 것은 1884년. 당시 40.94포인트에 불과했던 다우존스 지수는 88년이 지난 1972년, 1천 포인트를 돌파합니다. 그리고 다시 15년이 지난 1987년 1월, 2천 포인트를 돌파한 후 불과 4년 만인 1991년, 3천 포인트를 넘어선 것입니다. 그 뒤로도 급속한 상승세가 계속 이어져 2015년에는 1만8천 포인트를 돌파하기에 이릅니다.

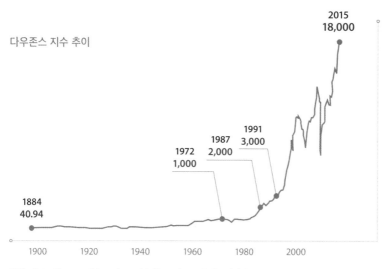

다우존스 지수 추이

출처 : http://www.wikiwand.com/de/Dow_Jones_Industrial_Average.

주식의 가치가 기업의 가치를 결정하는 시대. 다우존스 지수가 이렇게 폭증한 것은 기업의 가치, 즉 기업의 수익 창출 능력을 반영한 결과입니다. 어떻게 이런 일이 가능했을까요?

기업의 순이익을 늘리는 것이 곧바로 주주들의 수익으로 이어집니다. 순수익이 높아지면 주가가 오르고, 주가가 오를수록 주주들이 노릴 수 있는 매매 차익도 커지기 때문입니다. 순이익이 늘어날수록 주가와 최고 경영자CEO의 보수가 늘어납니다. 하지만 여기에는 반대급부가 존재합니다. 순이익을 높이기 위해 직원들의 혜택과 임금을 삭감하거나 고객 수수료를 인상하는 일이 벌어지는 것입니다. 이것이 바로 주주 자본주의의 메커니즘입니다.

투자자들이 주식에 투자한 금액을 기반으로, 주주 이익을 극대화하는 데 초점을 맞추어 기업을 운영하는 주주 자본주의. 1970년대 후반부터 주주 자본주의가 본격화되었습니다. 이런 형태의 자본주의는 새로운 슈퍼스타들을 낳았습니다. 바로 CEO라고 불리는 최고 경영자들입니다.

카리스마를 갖춘 매력적인 최고 경영자들은 기업의 얼굴이 되어 주가 상승을 이끌었습니다. 이제 최고 경영자들은 할리우드 스타와 같은 대접을 받습니다. 그들은 프레젠테이션이나 실적으로 스타가 되고, 주가 상승을 이끌게 됩니다. 그리고 주주들에게 이익을 가져다준 만큼 그들의 소득도 늘어났습니다.

1965년 최고 경영자의 평균 연봉은 노동자 소득의 20배인 81만9천 달러였지만, 지금의 최고 경영자들은 노동자의 296배에 달하는 연봉을 받고 있습니다.

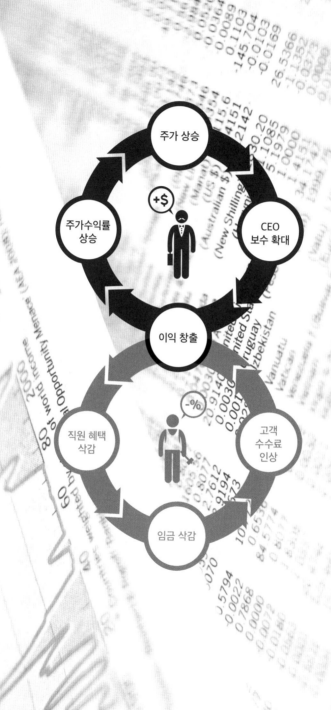

스타 최고 경영자의 대표적인 인물은 제너럴일렉트릭GE의 잭 웰치 John Frances Welch Jr..

그는 1981년 최고 경영자가 된 직후, 미국 뉴욕 시 피에르 호텔에서 "저성장 경제에서 기업이 빠르게 성장하려면 주주 가치를 극대화해야 한다."라는 내용의 연설을 했습니다. 이 강연으로 잭 웰치는 '주주 가치 운동의 아버지'로 불리게 되었습니다. 그는 주주 가치를 올리기 위해 직원을 감축하고, 수익이 나지 않는 사업을 매각했습니다. 그렇게 20년간 제너럴일렉트릭을 이끌면서 회사의 시가 총액을 40배 가까이 올려놓았습니다.

그런데 2009년 3월, 그는 『파이낸셜 타임스』Financial Times와의 인터뷰에서 뜻밖의 말을 합니다. 주주 자본주의를 반성하는 고해성사를 한 것입니다.

"주주 가치는 어리석은 개념이다. 그것이 전략이라고 생각한다면 제정신이 아닌 것이다. 주주 가치는 경영자에서부터 노동자까지 기업의 모든 노력이 결합된 결과이다."

리처드 프리먼 | 하버드 대학 교수

"주주 자본주의에서는 기업을 위해 일하는 사람, 기업과 관련된 일을 하는 사람, 상품을 소비하는 사람들 모두 이해관계자일 수 있습니다. 그들은 기업이 훌륭한 상품을 합리적인 가격에 팔기를 바라고 충분한

"주주 가치는 어리석은 개념이다.
그것이 전략이라고 생각한다면 제정신이 아닌 것이다.
주주 가치는 경영자에서부터 노동자까지
기업의 모든 노력이 결합된 결과이다."

— 잭 웰치

임금을 주기를 원하지만 주주는 그렇지 않습니다. 주주 자본주의에서는 주주가 소유권을 갖습니다. 하지만 나를 비롯한 학자들은 직원, 자본을 소유하고 있는 사람, 기업 외부에서 기업 지분을 소유하고 있는 사람 등 모두를 이해관계자로 보고 그들에게 관심을 갖습니다. 그리고 요즘에는 소비자들도 주목해야 합니다."

1950년에서 1960년대, 제너럴모터스는 지구상에서 가장 많은 돈을 버는 기업인 동시에 미국에서 가장 많은 노동자를 거느린 기업이었습니다. 이 회사는 노동자들에게 푸짐한 복지 혜택과 중산층 수준의 임금을 지급했습니다. 그 액수는 오늘날 금액으로 연간 6만 달러에 달했습니다.

현재, 미국에서 가장 큰 매출 규모와 직원 수를 자랑하는 곳은 월마트입니다. 그런데 월마트 직원들은 연평균 1만7,500달러, 시간당 10달러 정도를 받고 있습니다. 직원들에 대한 복지 혜택도 거의 없습니다. 좀 더 저렴한 가격에 상품을 유통시킴으로써 좀 더 많은 소비자들을 끌어들이고, 그렇게 기업의 이익을 극대화하려는 전략. 이를 위해 월마트는 노동자들의 임금과 복지 혜택을 쥐어짜 내고 있습니다. 이것이 월마트 상품의 저렴한 가격으로 이어지고, 다시 기업의 수익으로 연결되는 것입니다. 월마트는 미국에서, 아니 세계에서 가장 큰 '증기 롤러'입니다. 하지만 임금과 복지 혜택을 쥐어짜는 증기 롤러들은

▷ (위) 1957년 제너럴모터스 공장 캐딜락 자동차 조립 라인.
(아래) 2014년 11월 28일, 월마트가 노동조건 개선을 요구하는 노동자들을 고발한 것과 저임금에 항의하며 월마트의 노동자들과 지지자들이 매장 앞에서 시위하고 있다.

월마트만이 아닙니다.

　기업은 임금을 쥐어짜기 위해 회사 내부에 있던 직원들의 역할을 회사 밖으로 내보냅니다. 외부 기업에 하청을 주는 방식을 통해서입니다. 이렇게 되면 고용주와 노동자 간의 계약은 기업 대 기업 간의 계약으로 바뀌게 됩니다. 노동자들이 맡는 업무는 동일하지만 기업은 노동자들에 대해 책임을 지지 않아도 되는 것입니다.

　우리는 소비자나 투자자인 것만은 아닙니다. 노동자이기도 하지요.

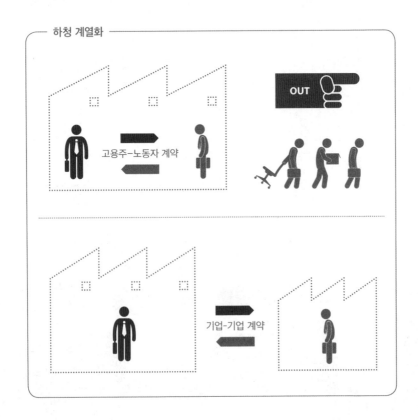

하청 계열화

고용주-노동자 계약

OUT

기업-기업 계약

그런데 노동자로서 우리는 어떤 발언권도 없습니다.

왜냐하면 민주주의는 기업의 문턱을 넘지 못하기 때문입니다. 법인 기업에 발을 들여놓는 순간 민주주의는 더 이상 주권을 행사하지 못합니다. 대신 주주들의 재산권이 유일한 권리가 됩니다. 과연 법인 기업은 민주주의의 대상이 될 수 없을까요?

주주는 기업을 통치할 최고 경영자를 선출합니다. 하지만 최고 경영자에게 실제로 통치를 받는 사람들은 주주 자신이 아닙니다. 사소한 행동까지 감시당하는 사람은 바로 직원들입니다.

어떤 사람들은 기업에 대한 사적 소유를 기본권이라고 주장합니다. 그리고 기업도 사람처럼 자유를 보장받아야 한다고 외칩니다. 하지만 기업은 사람이 아닙니다. 경제활동의 필요 때문에 사람들이 창조한 공동체입니다. 그래서 민주주의 국가에서는 사적 소유를 어느 정도까지 인정할 것인가를, 시민의 대표들이 민주적 절차를 통해 결정합니다. 재산권을 행사하는 것도 공공복리에 적합하도록 해야 합니다.

대한민국 헌법 제23조

① 모든 국민의 재산권은 보장된다.

　그 내용과 한계는 법률로 정한다.

② 재산권의 행사는 공공복리에 적합하도록 하여야 한다.

자치권은 모든 인권 중 가장 근본적인 권리입니다. 자치권은 양도할 수 없는 권리로, 경제 영역에서도 반드시 존중되어야 하는 권리입니다. 투표권이 그렇듯이 아무리 자발적이라 해도 자치권을 포기하는 계약은 합당하지 않습니다.

데이비드 엘러먼 | 전 세계은행 수석 자문위원

"(존 로크의 주장처럼) 자신이 한 일의 수확물을 자신이 갖는 것, 그것이 사적 소유의 본래 모습이었습니다. 사유재산권은 기업 민주주의와 함께하는 것입니다. 그래야만 직원들이 자신의 수확물을 가질 수 있으며, 그것이 진정한 사유재산권입니다. 자신이 생산한 것이니까요. 그래서 자치권과 소유권 둘 다 존중해야 합니다. 일을 할 때 결정권을 행사할 수 있도록 하고, 자신이 생산한 것에 대한 보상도 받을 수 있도록 해야 합니다."

노엄 촘스키 | 메사추세츠 공과대학 교수

"고전적 자유주의의 상징적인 인물인 존 스튜어트 밀John Stuart Mill은 자유주의 사회의 노동자는 자신의 기업을 운영한다고 말했습니다. 납득할 수 있는 말이지요. 그런 방향으로 변화하는 것은 아주 타당한 일입니다."

우리는 흔히 민주주의란 자기 통치권, 다시 말해 자치의 원리라고 말합니다. 만약 민주주의가 보편타당한 가치라면 기업에서도 자치의 원리인 민주주의가 적용되어야 하는 것 아닐까요?

"자신이 한 일의 수확물을 자신이 갖는 것,
그것이 사적 소유의 본래 모습이었습니다.
사유재산권은 기업 민주주의와 함께하는 것입니다.
그래야만 직원들이 자신의 수확물을 가질 수 있으며, 그것이
진정한 사유재산권입니다. 자신이 생산한 것이니까요."

· 사적 소유의 영역인 기업에서도 민주주의 원칙을 적용해야 하는 이유는 무엇인가요?

미국에서는 임대 자동차를 'rental car'라고 말하고 영국에서는 'hire car'라고 얘기합니다. '빌리다, 고용하다'라는 의미의 'hiring'과 '빌리다, 임차하다'라는 의미의 'renting'은 사실상 동의어입니다. 자본가들은 'rent'라는 단어를 사용함으로써 사람을 사는 것이 아닌 노동력을 사는 것입니다. 미국에서는 'rent'라는 단어를 사용할 때 노예제도를 떠올리게 되는데, 노예제도는 당사자가 원하지 않는 상황에서 '노동자'로 소유되는 것이었습니다. 오늘날은 노동자를 소유하는 것이 아니라 빌리는 것입니다. 게다가 자발적이기도 합니다. 자발적이든 자발적이지 않든, 사람을 빌린다는 개념은 하나의 윤리적 도전이 될 수 있다고 봅니다.

문제는 사적 소유가 아니라, 사적 소유가 남용되고 있다는 데 있습니다. 가장 큰 문제는 사적 소유로 얻었다는 결과물이 자신이 노동해서가 아니라, 다른 사람을 고용해서 발생한 것이라는 점입니다. 기업에서 일하는 사람은 모두 기업의 구성원이 되어야 하며, 그만큼 기업에 책임감을 가질 수 있고 그 수확물을 누릴 수 있어야 합니다. 사적 소유를 폐지하자는 주장이 아닙니다. 오히려 사적 소유라는 개념을 좀 더 보완하자는 주장입니다. 자신의 노동으로 생긴 수확물을 자신이 가져가는 것이 사적 소유의 본래 모습이었습니다.

한때, 국가 전체가 노동자를 빌리는(고용하는) 공산주의 진영과, 사람을 빌리면(고용하면) 그 사람이 생산한 수확물을 가져가도 좋다고 주장하는 자본주의 진영 사이의 냉전이 있었습니다. 고대 그리스 시대에, 아테네에서는 개인이 노예를 소유할 수 있었고, 스파르타에서는 공공 소유의 노예가 있었습니다. (자본주의처럼) 노예가 개인의 소유여야 할지, (공산주의처럼) 노예가 공공의 소유여야 할지가 본질적인 문제가 아닙니다. 노예제도가 존재해도 되는가가 핵심인 것입니다.

20세기 냉전 내내 논점은 국가가 노동자를 빌려야(고용해야) 할지, 또는 (자본가) 개인이 노동자를 빌려야(고용해야) 할지였습니다. 개인이 자신을 위해 일을 하고 자신의 수확물을 가져간다는 개념은 사라졌습니다. 이 개념이 다시 돌아오길 바랍니다. 이제 냉전이 끝나고, 국가에서 노동자들을 빌려야 할지, 또는 자본가 개인이 노동자를 빌려야 할지를 고민할 것이 아니라 노동자들을 빌려도 되는지를 고민해야 할 시점입니다.

민주적 기업, 직원 지주제

미국 워싱턴 D.C. 인근 델라웨어에 위치한 회사, 칼리버Calibre. 리스트 오스틴은 여러 직장을 옮겨 다니다가 칼리버로 이직해 왔습니다. "사실 제가 칼리버에 오기 전에 한곳에서 가장 오랫동안 일했던 것이 아마 3년일 겁니다. 칼리버에서는 8년째 일하고 있어요. 다른 곳에는 안 갈 거예요."

칼리버는 2012년 『포춘』의 '일하기 좋은 50대 중소기업'으로 선정되었습니다. 1989년 설립된 이 회사는 국방 전문 컨설팅 기업으로, 2015년 매출액이 2억3천만 달러에 육박했습니다. 직원도 4개국 9백여 명에 이릅니다.

"회사는 1989년에 설립되었습니다. 1994년 창립자가 은퇴할 때, 앞으로 회사를 어떻게 운영할지에 대해 고민했습니다. 그의 결정은 회사의 성공만큼 직원들에게 보상해 주는 것이었습니다. 그들이 소유주가 되도록 하는 것이었죠"(조셉 마토리Joseph A. Martore, 칼리버 회장).

민주적 기업의 첫 번째 조건은 바로 함께 소유하는 것(소유 공유). 칼리버는 직원 지주제ESOP, Employee Stock Ownership Plan로 전환해 지금은 1백 퍼센트 직원들이 소유하는 기업이 되었습니다. 그 결과 기업을 대하는 직원들의 태도도 달라졌습니다.

"내 차라면 열심히 닦고 엔진오일도 갈아 줍니다. 빌린 차는 그렇지 않죠. 칼리버 직원들은 열심히 일해서 이윤이 생기고 고객이 잘 되면 자신에게도 이익이라는 것을 알고 있기 때문에 분위기가 다릅니다. 다른 회사들은 열심히 일해서 이윤을 창출해도 사주owner가 거의 다 가져갑니다. 그것이 중요한 차이죠"(김효신, 칼리버 부사장).

민주적 기업의 두 번째 조건은 이익을 함께 나누는 것(이익 공유). 칼리버는 직원 지주 기업으로, 매년 이익이 발생하면 모든 직원이 그 이익을 공유합니다. 주주 이윤 배당 방식으로 말입니다.

"직원 지주제는 일종의 이윤 배당 방식입니다. 작년에는 임금의 약 12퍼센트가 이윤 배당이었습니다. 예를 들어 5만 달러를 버는 사람이면 6천 달러가 배당된 것입니다"(김효신, 칼리버 부사장).

민주적 기업의 세 번째 조건은 의사 결정에 참여하는 것(의사 결정 참여). 이 회사가 다른 회사와 결정적으로 다른 점은 직원들이 의사 결정에 참여할 수 있다는 것입니다. 바로 '직원 지주제 자문 위원회' Employee Owners Advisory Committee입니다. 자문 위원들은 임기 3년으로 직원들이 직접 선출합니다.

"모두가 투표한다는 것은 중요합니다. 왜냐하면 투표가 곧 목소리이기 때문입니다. 이사회에 들어갈 사람이나 '직원 지주제 자문 위원회'에 들어갈 사람을 투표로 선출한다는 것은, 회사에 자신의 이익을 대변해주고 회사가 올바른 방향으로 나아갈 수 있게 도와줄 사람을 뽑는 것입

01 함께 소유하는 것
(소유 공유)

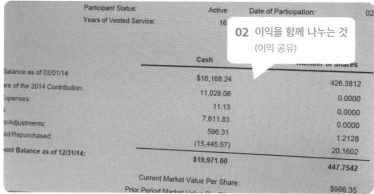

02 이익을 함께 나누는 것
(이익 공유)

03 의사 결정에 참여하는 것
(의사 결정 참여)

니다" (마크 매더Marc Meador, 직원 지주제 자문 위원회 대표).

1989년 설립 첫 해, 9백만 달러였던 매출이 2015년 2억3천만 달러까지 성장한 배경에는 이 같은 민주적 경영 방식이 자리 잡고 있었습니다.

"굉장히 많이 성장한 것이죠. 우리 회사의 가치, 우리 주식은 1994년 이후 매년 연평균 성장률이 거의 25퍼센트에 달합니다. 회사 수익은 직원들에게 돌아갑니다. 다른 주식시장에 투자하는 것보다 훨씬 낫지요. 증가분은 직원들의 퇴직금이 되는 겁니다" (조 마토리, 칼리버 회장).

"거의 백이면 백, 대부분의 경우 직원 지주제로 전환한 후 생산성이 향상됩니다. 능률도 오르고요. 거기에는 분명한 이유가 있겠죠. 내 것이므로 더 소중하게 생각하는 겁니다. 민주주의가 기업 발전에도 큰 도움이 되는 거죠" (김효신, 칼리버 부사장).

그렇다면 민주적 기업인 직원 지주제 기업은 어떻게 운영될까요?
직원 지주제에서 직원들에 대한 수익 배분은 신탁회사ESOP TRUST를 통해 이루어집니다. 이 신탁 조직은 회사로부터 주식을 받아 각 직원의 계좌에 분배하는 역할을 담당합니다. 또한 매년 주식을 평가해 직원들에게 주식의 가치를 알려주기도 합니다. 직원이 퇴사하는 경우에는, 이 신탁 조직에 자신의 주식을 되팔게 됩니다. 그렇게 함으로써 회사 주식이 외부로 유출되지 않도록 합니다.

흔히들 국민은 국가의 주인이지만, 기업의 주인은 될 수 없다고 말합니다. 하지만 국민에게 최종 결정권이 있다는 민주주의 원칙은 국가만큼이나 기업에도 요구되는 덕목입니다. 그런데 기업이 민주적으로 작동되어 효과를 거두려면 소유 공유, 이익 공유, 의사 결정 참여라는 세 요소가 모두 필요합니다. 특히 의사 결정에 참여하는 것이 가장 중요합니다. 왜 그럴까요?

리처드 프리먼 | 하버드 대학 교수

"기업에 노동자들의 이해가 걸려 있을 때 생산성이 향상된다는 것을 알 수 있습니다. 생산성을 높이려면 의사 결정에 직원들이 참여할 수 있어야 합니다. 대부분의 좋은 결정은 기업 내 위계질서에서 아래쪽에 있는 사람들로부터 나옵니다. 이들은 노동 현장을 더 잘 알고 있으며, 성과에 대한 보상이 주어진다면 기업 개선에 적극적으로 참여하기 때문입니다."

민주적 원리는 대기업에서도 작동됩니다. 1990년에 세워진 디피알DPR 건설은 미국 고급 건축 분야에서 실적 1위 기업으로, 애플·구글·페이스북·골드만삭스 등이 주요 고객인 회사입니다. 이 회사의 가장 큰 특징은 정직과 재미, 독창성, 그리고 지속적인 혁신을 기업의 핵심 가치로 삼고 있다는 것입니다.

"우리 회사 직원들에게는 변화를 추구하고 영향을 미치고 싶어 하는 욕구가 늘 있었습니다. 그래서 직원들이 스스로 변화의 주체가 되도록 힘을 실어 주는 것은 어떨까 생각했어요. 우리 회사는 도전과 창의성을 추구합니다. 그래서 궁극적으로는 직원들에게 새로운 것에 도전할 기회를 주고 싶었습니다" (피터 샐바티 Peter Salvati, 디피알 건설 회장).

회사가 추구하는 가치는 경영진뿐만 아니라 직원들 모두에게 공유됩니다. 지난 2012년 미국에서 가장 일하기 좋은 100대 대기업 중 하나로 선정된 디피알, 이런 평가에는 회사의 민주적인 조직 문화가 큰 영향을 미쳤습니다.

로렌 로저스 | 전미직원지주센터 대표

"사람들에게 진정한 동기를 부여하는 것은 이윤을 공유하는 것보다 조직 내에서 자신들의 인간적 가치를 이해해 주는 것입니다. 정말 중요한 것은 소유 여부, 회사에 대한 지식, 의사 결정에 참여할 수 있는가입니다."

일반적인 기업과 달리, 민주적 기업에서는 직원들이 회사의 외부에 있지 않습니다. 회사의 내부에서 중요한 의사 결정에 참여하고 회사의 비전을 공유합니다. 그래서 회사의 성공은 바로 직원 자신의 성공이 되는 것입니다.

"회사의 성공에 우리 모두의 이해가 달려 있습니다. 주가에 신경 쓰지 않고 재무제표에 따라 직원들이 의사를 결정하는 민주적 기업은, 아무리 열심히 일해도 결국 서너 사람이 수익을 독점하는 가족 소유 기업과는 다릅니다"(카를로스 크랩트리, 디피알 엔지니어).

디피알 건설이 창업 이래 연평균 12퍼센트의 성장률을 기록할 수 있었던 것의 배경에는 직원들이 회사 운영에 적극적으로 참여하고 이들과 회사 수익을 함께 나눠 온 민주적 경영 방식이 있었습니다.

미국 캘리포니아 주 오클랜드에 위치한 전미직원지주센터NCEO, National Center for Employee Ownership. 이곳은 직원 지주 제도를 널리 알리고 정확한 정보를 제공하기 위해 1981년에 설립되었습니다.

로렌 로저스 | 전미직원지주센터 대표

"전미직원지주센터는 비영리 기관으로, 우리의 임무는 직원 지주제에 대해 회사가 좋은 선택을 할 수 있도록 도와주는 것입니다. 우리는 1981년에 워싱턴 D.C. 외곽의 차고에서 처음 시작했습니다. 미국 최초의 직원 지주제 회사는 1956년에 설립되었습니다."

직원이 회사의 주식을 소유하고 회사의 의사 결정에 참여하는 민주적 형태의 기업, 이것을 가능하게 한 직원 지주 제도는 루이스 켈소Louis Kelso 박사의 아이디어에서 시작되었습니다. 그는 이렇게 말합니다.

"우리는 자본 소유의 기반을 의도적으로 넓혀야 합니다. 이는 헌법적 보호 장치를 저촉하지 않는 선에서 이루어져야 하는데, 재산권에 대한 헌법적 보호 장치뿐만 아니라 인간의 권리에 대한 헌법적 보호 장치 또한 저촉해서는 안 됩니다. 우리는 인권에 대해 말하지만 생산에 대한 권리(생산한 것에 대한 소유권)야말로 가장 중요한 인권입니다."

루이스 켈소는 변호사이며 경제학자였습니다. 그는 당시 미국 사회의 심각한 빈부 격차 문제와 소수에게 자본이 편중되는 현상을 개선하려면 새로운 대중 자본주의 또는 주식 대중화 운동6이 필요하다고 생각했습니다. 직원의 재산 형성이라는 소극적인 차원에서 권장해 오던 기존의 직원 지주 제도를 탈피해, 직원들이 적극적으로 자사의 주식을 취득·보유할 수 있게 하는 방안으로 차입형 직원 지주제를 제안했습니다.

회사와 별개로 직원 신탁을 만들어, 이 신탁이 회사의 신용을 담보로 외부로부터 자금을 차입해 자사주를 매입하게 하고, 그 뒤 회사가 이익의 일부를 신탁에 출연해서 차입금을 갚도록 한다는 게 기본적인 차입형 직원 지주제의 작동 구조입니다. 이 제도가 확대된 것은 1974년 관련법이 제정되면서부터입니다.

"이전에는 직원 지주제를 만들고 싶은 회사는 국세청의 허가를 받아야 했습니다. 그런데 1974년에 종업원퇴직소득보장법Employee Retirement Income Security Act이 생겼습니다. 이 법으로 어떤 회사이든 요건만 충족되면 허가 없이 직원 지주제 회사로 전환할 수 있게 되었습니다. 1974년 당시에는 2백여 개의 직원 지주제 회사가 있었습니다. 이후 1970년대와 1980년대에 크게 늘어났습니다."

관련법에 따라 직원 지주제를 채택한 기업은 법인세를 감면받았습니다. 이런 규정은 이 제도가 확산되는 데 결정적인 기여를 했습니다.

데이비드 엘러먼 | 전 세계은행 수석 자문위원

"미국에는 직원 지주제 기업이 1만1천 개가 있으며, 노동인구의 10~20퍼센트가 이곳에서 일합니다."

그런데 이런 직원 지주제 기업들은 주식을 공개 상장하는 경우가 거의 없습니다. 직원들이 회사에서 갖는 주권이 약화될 것을 우려해서입니다.

로렌 로저스 | 전미직원지주센터 대표

"직원 지주제 기업이 공개 상장되면 대부분의 경우 직원들은 목소리를 잃을 것입니다. 즉 주식을 공개 상장하는 것은 주식의 가치를 높이기 위해, 주가를 통제할 수 있는 권한을 포기하는 것입니다."

4-05

민주적 기업,
공동 결정 제도

미국의 직원 지주제 기업. 이들 기업에는 한 가지 공통점이 있습니다. 비상장 기업이라는 것입니다. 기업이 상장되면 주주의 이익을 중심으로 운영될 수밖에 없기 때문입니다. 그런데 정부의 결정에 따라 민주적으로 운영되는 기업이 있습니다. 어떻게 가능했을까요?

독일 브레멘 시에 위치한 브레멘 주립 은행. 이 은행에서는 매주 월요일마다 특별한 회의가 열립니다. 바로 직원들의 대표로 구성된 직원 평의회입니다. 이 회의의 임무는 경영진이 법을 지키고 임금 협약과 업무 협의 사항을 따르고 있는지를 감시하는 것입니다.

"은행이 임금이나 근무 시간 체계를 바꾸려면 노동자의 공동 결정을 거쳐야 합니다. 직원의 채용, 부서 이동이나 임금 인상, 해고에 관한 사항도 직원 평의회의 동의를 거쳐야 합니다"(외르크 발데, 브레멘 은행 직원 평의회 의장).

"공동 결정 제도는 집중적인 토론과 투표로 진행됩니다. 노동자 대표나 경영진은 모두 한배를 탄 것이며, 공동의 목표를 함께 이루려는 것이죠"(랄프 비터, 브레멘 은행 인사 담당자).

독일의 기업들은 공동 의사 결정 제도라는 것을 두고 있습니다. 이

제도를 이루는 두 기둥은 직원 평의회와 감독 이사회입니다. 직원 평의회의 구성원은 전체 직원 중에서 투표로 뽑습니다. 그들 가운데서 다시 선출된 직원 대표와, 주주총회에서 선출된 주주 대표들이 감독 이사회를 구성합니다. 이렇게 만들어진 감독 이사회는 이사회의 구성원을 선임하고 감독합니다. 사실상 회사의 최고 의사 결정 기구인 것입니다.

헬무트 비스만 Helmut Wiesmann | 전 독일 연방사회법원장

"직원이 2천 명 이상인 기업의 경우 감독 이사회의 절반이 노동자 대표이고 나머지 절반은 주주들입니다. 기업의 감독 이사회 구성에서 노동자 대표가 절반을 차지해야 한다는 규정은 1976년에 만들어졌습니다."

독일의 공동 의사 결정 제도의 가장 큰 특징은 바로 법제화에 있습니다. 1976년 제정된 공동결정법에 따라 독일에서는 노동자가 5명 이상인 사업장에서는 반드시 직원 평의회를 구성하도록 되어 있습니다. 또한 직원 수가 2천 명이 넘는 대기업에서는 반드시 노-사 같은 수가 참여하는 감독 이사회를 구성하도록 했습니다. 이것은 기업에서 민주주의 제도를 도입하도록 강제한 첫 사례가 되었습니다.

독일의 공동 의사 결정 제도

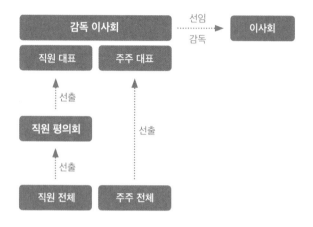

헬무트 비스만 | 전 독일 연방사회법원장

"전쟁이 끝나고 독일 경제를 재건하고자 했을 때 국민들은 민주주의를
원했습니다. 이때 공동 결정 제도가 등장한 것입니다. 과거 기업의 대
표들 가운데 많은 사람이 나치 정권과 밀착되어 있었습니다. 국민들은
이런 상황이 반복되기를 원하지 않았기 때문에 공동 결정 제도를 통해
기업의 대표들을 감독하고자 했어요."

독일의 공동 결정 제도는 자본과 노동이 동등한 권리를 갖는다는
것을 법으로 인정했다는 점에서 큰 의의를 가집니다. 이 제도는 1952
년 철강과 석탄 산업에 먼저 도입되었고, 노사 관계의 안정은 물론 기

업 경영에도 효율적이라는 사실이 입증되면서 1976년 모든 산업으로 확대되었으며, 실제로 기업 경영은 물론 노사 관계에도 긍정적인 영향을 미쳤습니다.

헬무트 비스만 | 전 독일 연방사회법원장

"갈등이 생기면 규정에 따라 처리하므로 분쟁으로 이어지지 않습니다. 분쟁을 통한 해결 방법보다 공동 결정 제도가 노동자들에게 더 많은 이익을 가져다 줄 수 있다고 생각합니다."

볼프강 도이블러 Wolfgang Däubler | 브레멘 대학 교수

"노동자가 자신이 일하는 공장이나 기업의 부속품이 아니라는 점에서 공동 결정 제도는 중요합니다. 노동자가 기업에서 생산의 구성 요소 가운데 하나가 아니라 '인간'으로 대우받는 것이니까요."

현대사회는 지식 경제 사회라고 합니다. 그렇다면 기업에서 지식 생산을 담당하는 것은 누구일까요? 바로 직원들입니다. 그런데 지식을 생산하는 직원들이 소외되고, 지식 생산에 관여하지 않는 주주들이 부를 전부 가져간다면 자원 배분은 분명 잘못된 것입니다.

민주주의는 자치의 원리입니다. 우리는 민주주의를 정당하고 보편적인 가치로 인정합니다. 그렇다면 기업도 예외일 수 없습니다.

기업은 우리 시민들이 그 속에서 일하고 소비하고 생존하는 또 다른 공동체입니다. 그리고 그 공동체는 우리의 자치권, 우리의 민주주의가 꽃피워야 할 공간이기도 합니다.

제헌 헌법에 담긴 정신

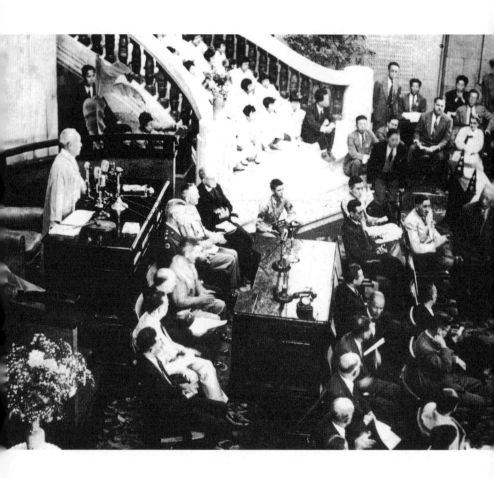

1948년 7월 17일, 대한민국 제헌 헌법이 공포되었다.
당시 국회의장은 바로 이승만.

대한민국의 이념이 고스란히 담겨 있는 제헌 헌법.
그중에서도 유독 새롭게 다가오는 조항, 제18조.

"영리를 목적으로 하는 사기업에 있어서는
근로자는 법률의 정하는 바에 의하여
이익의 분배에 균점할 권리가 있다."

1948년 대한민국 제헌 헌법에도 있는 이익 공유의 정신,
21세기 지금, 얼마나 지켜지고 있는가?

"민주주의는 시민에 의한 권력을 뜻해요.
데모스 크라토스에서 크라토스는 권력을,
데모스는 시민을 말합니다."

— 샹탈 무페

"민주주의는 평범한 시민들의 이익과 관심에 반응하는
정치 체제입니다."

— 폴 피어슨

"민주주의는 시민들이 정부 정책에
막대한 영향력을 행사할 수 있는 제도입니다."

— 제이콥 해커

"유권자가 마음에 들지 않는 정부를 해임시킬 수 있는 권한을 갖는다는 것은 정치적 삶, 민주주의에 대한 믿음이라는 맥락에서 아주 중요합니다."

— 애덤 쉐보르스키

"불평등은 민주주의와 자유를 약화시킵니다."

— 노엄 촘스키

"민주주의가 잘 작동한다면 우리는 훨씬 많은 소득을
재분배할 수 있을 겁니다."

— 애덤 쉐보르스키

"불평등은 평범한 사람들의 자유에 부정적인 영향을 줍니다.
시민과 시민의 관계에서 그 누구도 주인이 되어서는 안 됩니다.
비록 주인이 하인에게 친절을 베풀더라도
하인이 자유로운 것은 아닙니다."

— 필립 페팃

"불평등은 그 자체도 문제가 될 수 있지만
계층 간 이동성이 저하되면, 즉 불평등이 고착화되어
세대가 바뀌어도 사회경제적 지위가 바뀌지 않는다면
정말 심각한 사회적·정치적 문제가 발생하기 시작합니다.
사회적 분열이 심해지고 계층 간 왕래는 줄어드는 대신,
다른 계층에 대한 적대감이 강해지죠.
이는 민주 사회에 심각한 위협을 초래할 수 있습니다."

— 셰리 버먼

"때로는 평범한 시민들이 위대한 승리를 거두기도 합니다.
우리는 과거 민주주의가 심각하게 위협받던 순간에
시민들이 목소리를 내고 결집했던 경험을 여러 차례 목격했습니다.
그 결과 아무런 정치적 힘이 없는 사람들이 정부를 변화시키지
않았습니까?"

"우선 투표를 해야 합니다. 가장 큰 문제는 사람들이
투표하지 않는다는 겁니다. 특히 오늘날 일어나고 있는 변화로부터
가장 큰 피해를 입는 사람들이 참여하지 않고 있습니다.
이들이 투표한다면 변화가 생길 것입니다."

—폴 피어슨

"민주주의의 미래 말인가요? 시민들에게 달려 있죠."

— 노엄 촘스키

김유선

한국노동사회연구소 선임연구위원

저서 : 『KLSI 고용 지표: OECD 국가 비교』(한국노동사회연구소, 2010), 『일의 가격은 어떻게 결정되는가』(공저, 한울, 2010), 『한국 노동자의 임금 실태와 임금 정책』(후마니타스, 2005) 등

던, 존 John Dunn

케임브리지 대학 킹스칼리지 정치학과 명예교수

저서 : 『민주주의의 수수께끼』(*Setting the People free*, 2005; 후마니타스, 2015), 『민주주의의 마법에서 깨어나라』(*Breaking Democracy's Spell*, 2014; 레디셋고, 2015), *The Cunning of Unreason*(2001) 등

로저스, 로렌 Loren Rodgers

전미직원지주센터(NCEO) 대표

마넹, 버나드 Bernard Manin

뉴욕 대학 정치학과, 고등정치학연구소 교수

저서 : 『선거는 민주적인가』(*The Principles of Representative Government*, 1997; 후마니타스, 2004), *On legitimacy and political deliberatuin*(1987), *Checks, balances, and boundaries : the separatioin of power in the constitutional debates of 1787*(1994) 등

마이어, 토마스 Thomas Meyer

도르트문트 대학 정치학과 교수

저서 : *The Theory of Social Democracy*(공저, 2007), *Was ist Politik?*(2006) 등

무페, 샹탈 Chantal Mouffe

웨스트민스터 대학 정치학과 교수 및 민주주의연구소장

저서 : 『헤게모니와 사회주의 전략』(*Hegemony and Socialist Strategy*, 1985; 후마니타스, 2012), 『정치적인 것의 귀환』(*The Return of the Political*, 1993; 후마니타스, 2007), 『민주주의의 역설』(*The Democratic Paradox*, 2000; 인간사랑, 2006) 등

박상훈
정치발전소 학교장
저서 : 『정치의 발견』(2015), 『정당의 발견』(2015), 『만들어진 현실』(2013) 등

버먼, 셰리 Sheri Berman
컬럼비아 대학 버나드 칼리지 정치학과 교수
저서 : 『정치가 우선한다』(*The Primacy of Politics*, 후마니타스, 2010), *The Social Democratic Moment*(1997) 등

비스만, 헬무트 Helmut Wiesmann
전 독일 연방사회법원장

센, 아마르티아 Amartya Sen
하버드 대학 교수, 1978년 노벨경제학상 수상
저서 : 『자유로서의 발전』(*Development as Freedom*, 1999; 갈라파고스, 2013), 『윤리학과 경제학』(*On Ethics and Economics*, 1987; 한울, 2009), 『불평등의 재검토』(*Inequality Reexamined*, 1992; 한울, 2008) 등

쉐보르스키, 애덤 Adam Przeworski
뉴욕 대학 정치학과 교수, 정치학의 노벨상인 '요한 쉬테상' 수상
저서 : 『민주주의와 시장』(*Democracy and the Market*, 1991; 한울, 2010), 『민주주의와 법의 지배』(*Democracy and the Rule of law*, 2003; 후마니타스, 2008) 등

시어스, 데이비드 David Sears
캘리포니아 대학교 로스앤젤레스 캠퍼스(UCLA) 심리학·정치학과 교수 및 사회과학연구소 소장
저서 : *Social Psychology*(공저, 2005), *The Oxford Handbook of Political Psychology*(공저, 2013) 등

아더매니, 데이비드 David Adamany
전 템플 대학 총장, 전 웨인 주립대학 총장
저서 : *Political Money: A Strategy for Campaign Financing in America*(1980) 등

알레시나, 알베르토 Alberto Alesina

하버드 대학 경제학과 석좌교수

저서 : 『복지국가의 정치학』(공저, *Fighting Poverty in the US and Europe*, 2004; 생각의힘, 2012), *The Future of Europe: Reform or Decline*(2006), *Fighting Poverty in the US and Europe: A World of Difference*(2004) 등

엘러먼, 데이비드 David Ellerman

캘리포니아 대학 리버사이드 캠퍼스 객원 연구원, 전 세계은행 수석자문위원

저서 : *Property and Contract in Economics*(1992), *The Democratic Worker-Owned Firm* (1990) 등

오버, 조시아 Josiah Ober

스탠퍼드 대학 고전·정치학 교수

저서 : *The Rise and Fall of Classical Greece*(2015), *Democracy and Knowledge: Innovation and Learning in Classical Athens*(2008) 등

촘스키, 노엄 Noam Chomsky

매사추세츠 공과대학 교수, 언어학자, 정치사상가

저서 : 『촘스키의 통사구조』(*Syntactic Structures*, 1957; 알마, 2016), 『촘스키, 은밀한 그러나 잔혹한』(*On Western Terrorism: From Hiroshima To Drone Warfare*, 베가북스, 2014), 『불량국 가』(Rogue States, 두레, 2001), 『그들에게 국민은 없다』(*Profit over People: Neoliberalism and Global Order*, 모색 1999) 등

최장집

고려대학 명예교수

저서 : 『민주화 이후의 민주주의』(2010), 『노동없는 민주주의의 인간적 상처들』(2013), 『민주 주의의 민주화』(2006) 등

페팃, 필립 Philip Pettit

프린스턴 대학 정치학과 교수, 호주국립대학 철학과 교수

저서 : *The Robust Demands of the Good: Ethics with Attachment, Virtue, and Respect*(2015), *On The People's Terms: A Republican Theory and Model of Democracy*(2012), 『신공화주 의』(*Republicanism: a theory of freedom and government*, 1997; 나남, 2012)

피어슨, 폴 Paul Pierson

캘리포니아 대학 버클리 캠퍼스 정치학과 교수

저서 : *American Amnesia*(공저, 2016), 『부자들은 왜 우리를 힘들게 하는가?』(*Winner-Takes-All Politics*, 공저, 2010; 21세기북스, 2012), *Politics in Time: History, Institutions, and Social Analysis*(2004) 등

프리먼, 리처드 Richard B. Freeman

하버드 대학 경제학과 교수

저서 : *The Citizen's Share: Putting Ownership Back into Democracy*(공저, 2013), *America Works*(2007) 등

피케티, 토마 Thomas Piketty

파리정치경제대학 교수, 프랑스사회과학고등연구원 연구 책임자, 런던정치경제대학교 방문교수

이리에 얀손 상(Yrjö Jahnsson Award) 수상

저서 : 『21세기 자본』(*Capital in the Twenty-First Century*, 2013; 글항아리, 2014) 등

하이트, 조너선 Jonathan Haidt

뉴욕 대학 스턴 경영대학원 교수.

저서 : 『바른 마음』(*The Righteous Mind*, 2012; 웅진지식하우스, 2014), 『행복의 가설』(*The Happiness Hypothesis: Finding Modern Truth in Ancient Wisdom*, 2005; 물푸레, 2010) 등

해커, 제이콥 Jacob Hacker

예일 대학 정치학과 교수 및 사회정책연구소장

저서 : 『부자들은 왜 우리를 힘들게 하는가?』(공저, *Winner-Takes-All Politics*, 2010; 21세기북스, 2012), *American Amnesia: How the War on Government Led Us to Forget What Made America Prosper*(공저, 2016) 등

| 미주 |

1. David Easton, *A Systems Analysis of Political Life* (New York: John Wiley and Sons, 1965), p. 50.
2. 플루타르코스 지음, 천병희 옮김, 『플루타르코스 영웅전』(솔, 2010), 92-102쪽.
3. 이에 대해서는 아리스토텔레스 지음, 최자영·최혜영 옮김, "아테네 정치제도사", 『고대 그리스 정치사 사료』(신서원, 2002), 71-72쪽 참조.
4. 존 던 지음, 강철웅·문지영 옮김, 『민주주의의 수수께끼』(후마니타스, 2015), 55-56쪽.
5. 베터니 휴즈 지음, 강경이 옮김, 『아테네의 변명』(옥당, 2012), 56쪽.
6. 아리스토텔레스 지음, 천병희 옮김, 『정치학』(숲, 2009), 334쪽 참조(번역은 저자가 수정했다).
7. 알렉산더 해밀턴, 제임스 매디슨, 존 제이 지음, 김동영 옮김, 『페더랄리스트 페이퍼』(한울아카데미, 1995), 65쪽.
8. 시대별 아테네의 인구 수(단위 : 천 명)

구분	B. C. 480년경	B. C. 432년경	B. C. 400년경	B. C. 360년경
시민	25~30	35~45	22~25	28~30
시민 및 그 가족	80~100	110~150	60~90	85~115
거류외인	4~5	10~15	6~8	10~15
거류외인 및 가족	9~12	25~40	15~25	25~50
노예	30~40	80~110	40~60	60~100
총인구	120~150	215~300	115~175	170~225

출처: 김진경 외, 『서양 고대사강의』(한울아카데미, 2015), 18쪽.
9. 대런 애쓰모글루·제임스 A. 로빈슨, 『국가는 왜 실패하는가』(시공사, 2012), 446쪽.
10. http://www.cityam.com/news-and-analysis/insurers-say-london-riot-losses-hit-100m
11. 버나드 마넹, 『선거는 민주적인가』(후마니타스, 2004), 177쪽.
12. "Welfare Queen' Becomes Issue in Reagan Campaign." *New York Times*, February 15, 1976.
13. 래리 M. 바텔스 지음·위선주 옮김, 『불평등 민주주의』(21세기북스, 2012), 113쪽.
14.
1) 미국(1919년, 1945년, 2011년): "Statistics of the Presidential and Congressional Election of November 6, 2012"
2) 영국(1922년, 1945년, 2010년): "UK Election Statistics: 1918~2012" (http://researchbriefings.parliament.uk/ResearchBriefing/Summary/RP12-43#fullreport)

3) 독일

- 1920년 : Fuad Aleskerov, Manfred J. Holler and Rita Kamalova, "Power Distribution in the Weimar Reichstagin 1919~1933," *Annals of Operations Research*, 2014, vol. 215, issue 1.

- 1949년, 2013년 : Der Bundeswahlleiter, "Ergebnisse früherer Bundestagswahlen," Informationen des Bundeswahlleiters(2015/08/03).

15. 피터 메이어 지음·함규진 외 옮김, 『정당과 정당체계의 변화』(오름, 2011), 25쪽.

16. 조영재·반상진, "소득계층별 자녀의 대학진학 격차 분석," 2013.
중앙일보 대학종합평가 결과를 반영한 상위 1~10위 대학을 대상으로 했다. 포항공대, KAIST, 서울대, 고려대, 성균관대, 한양대, 서강대, 이화여대, 경희대가 포함된다.

17. Melissa Kearney & Phillip Levine, "Income Inequality, Social Mobility, and the Decision to Drop Out of High School", 2014

18. 토마 피케티 지음·장경덕 옮김, 『21세기 자본』(글항아리, 2014), 423쪽.

19. 토마 피케티, 『21세기 자본』, 425쪽.

20. 토니 주트 지음·김일년 옮김, 『더 나은 삶을 상상하라』(플래닛, 2012), 60쪽에서 재인용.

21. Ronald Coase, "The Nature of the Firm," *Economica*, Blackwell Publishing 4(16), 1937, pp. 386-405.

| 참고한 책 |

E. E. 샤츠슈나이더 지음 · 현재호 · 박수형 옮김, 『절반의 인민주권』(후마니타스, 2008).
고세훈, 『영국 정치와 국가 복지』(집문당, 2011).
곽준혁, 『마키아벨리 다시 읽기: 비지배를 꿈꾸는 현실주의자』(민음사, 2014).
김진경, 『서양 고대사강의』(한울아카데미, 2015).
대니 로드릭 지음·제현주 옮김, 『더 나은 세계화를 말하다』(북돋움, 2011).
대런 애쓰모글루 · 제임스 A. 로빈슨 지음 · 최완규 옮김, 『국가는 왜 실패하는가』(시공사, 2012).
래리 M. 바텔스 지음 · 위선주 옮김, 『불평등 민주주의』(21세기북스, 2012).
로버트 달 지음 · 배관표 옮김, 『경제민주주의에 관하여』(후마니타스, 2011).
로버트 달 지음 · 김왕식 외 옮김, 『민주주의』(동명사, 2009).
로버트 달 지음 · 조기제 옮김, 『민주주의와 그 비판자들』(문학과 지성사, 1999).
로버트 라이시 지음 · 형선호 옮김, 『슈퍼 자본주의』(김영사, 2008).
로저 오스본 지음 · 최완규 옮김, 『처음 만나는 민주주의 역사』(시공사, 2012).
마이클 샌델 지음 · 안규남 옮김, 『민주주의의 불만』(동녘, 2012).
마조리 켈리 지음 · 제현주 옮김, 『그들은 왜 회사의 주인이 되었나』(북돋움, 2013).
마조리 켈리 지음 · 제현주 옮김, 『주식회사 이데올로기』(북돋움, 2013).
매튜 A. 크렌슨 · 벤저민 긴스버그 지음 · 서복경 옮김, 『다운사이징 데모크라시』
(후마니타스, 2013).
박상훈, 『정당의 발견』(후마니타스, 2015).
버나드 마넹 지음 · 곽준혁 옮김, 『선거는 민주적인가』(후마니타스, 2004).
베터니 휴즈 지음 · 강경이 옮김, 『아테네의 변명』(옥당, 2012).
샹탈 무페 지음 · 이행 옮김, 『민주주의의 역설』(인간사랑, 2006),
새뮤얼 보울스 · 리처드 에드워즈 · 프랭크 루스벨트 지음 · 최정규 · 이강국 · 최민식 옮김, 『자본주의
이해하기』(후마니타스, 2009).
셰리 버먼 지음 · 김유진 옮김, 『정치가 우선한다』(후마니타스, 2012).
수전 바톨레티 지음 · 『검은 감자』(돌베개, 2014).
시몬 바우트 지음 · 김종욱 옮김, 『경제와 사회민주주의』(한울, 2012).
아마티아 센 지음 · 김원기 옮김, 『자유로서의 발전』(갈라파고스, 2013).
알베르토 알레시나 · 에드워드 글레이저 지음 · 전용범 옮김, 『복지국가의 정치학』
(생각의 힘, 2012).
앨버트 허시먼 지음 · 강명구 옮김, 『떠날 것인가, 남을 것인가』(나무연필, 2005).

에멀린 팽크허스트 지음, 김진아·권승혁 옮김, 『싸우는 여자가 이긴다』(현실문화, 2016).

오언 존스 지음·이세영·안병률 옮김, 『차브』(북인더갭, 2014).

윌리엄 포레스트 지음·김봉철 옮김, 『그리스 민주정의 탄생과 발전』(한울아카데미, 2009).

제이콥 해커·폴 피어슨 지음·조자현 옮김, 『부자들은 왜 우리를 힘들게 하는가?』
(21세기북스, 2012).

조너선 하이트 지음·왕수민 옮김, 『바른 마음』(웅진지식하우스, 2014).

조지프 스티글리츠 지음·이순희 옮김, 『불평등의 대가』(열린책들, 2013).

찰스 린드블롬 지음·한상석 옮김, 『시장체제』(후마니타스, 2009).

토니 주트 지음·김일년 옮김, 『더 나은 삶을 상상하라』(플래닛, 2012)

토마 피케티 지음·장경덕 옮김, 『21세기 자본』(글항아리, 2014).

톰 하트만 지음·이시은 옮김, 『기업은 어떻게 인간이 되었는가』(어마마마, 2014).

폴 우드러프 지음·이윤철 옮김, 『최초의 민주주의』(돌베개, 2012).

폴 크루그먼 지음·예상한 외 옮김, 『미래를 말하다』(현대경제연구원, 2008).

피터 메이어 지음·함규진 외 옮김, 『정당과 정당체계의 변화』(오름, 2011).

사진 크레딧

민주주의

1판 1쇄 | 2016년 12월 5일
1판 4쇄 | 2020년 8월 24일

지은이 | EBS 다큐프라임 〈민주주의〉 제작팀·유규오

펴낸이 | 정민용
편집장 | 안중철
책임편집 | 정민용
편집 | 강소영, 윤상훈, 이진실, 최미정
디자인 | 박대성

펴낸 곳 | 후마니타스(주)
등록 | 2002년 2월 19일 제2002-000481호
주소 | 서울 마포구 신촌로14안길 17, 2층
전화 | 편집_02.739.9929/9930 영업_02.722.9960 팩스_0505.333.9960

페이스북 | facebook.com/humanitasbook
트위터 | @humanitasbook
블로그 | humabook.blog.me
이메일 | humanitasbooks@gmail.com

인쇄 | 천일문화사_031.955.8083 제본 | 일진제책사_031.908.1407

값 15,000원
ⓒ EBS · 유규오, 2016

ISBN 978-89-6437-265-4 03300

이 도서의 국립중앙도서관 출판예정도서목록(CIP)은 서지정보유통지원시스템 홈페이지
(http://seoji.nl.go.kr)와 국가자료공동목록시스템(http://www.nl.go.kr/kolisnet)에서
이용하실 수 있습니다.(CIP제어번호: CIP2016028965)